DAS BAYERISCHE JAHRTAUSEND

Bamberg im 11. Jahrhundert

Andreas Otto Weber

DAS BAYERISCHE JAHRTAUSEND

Bamberg im 11. Jahrhundert

Volk Verlag München

Der Autor: PD Dr. Andreas Otto Weber lehrt an der Universität Erlangen-Nürnberg Bayerische und Fränkische Landesgeschichte. Zu seinen Forschungsgebieten gehören die Geschichte Frankens im frühen Mittelalter und die Gründungsphase des Bistums Bamberg.

Die Deutsche Bibliothek verzeichnet diese Publikation in der Deutschen Nationalbibliografie; detaillierte bibliografische Daten sind im Internet über http://dnb.ddb.de abrufbar.

Tel.: 0 89/420 79 69 80; Fax: 0 89/420 79 69 86

Druck: Kösel, Krugzell
Quelle der Übersichtskarte: 24 Nov 2011 123map, © OpenStreet Map Contributors Lizenz CC-BY-SA 2.0

ISBN 978-3-86222-064-9
www.volkverlag.de

INHALT

Bamberg im 11. Jahrhundert 7

Vorgeschichte 9

Glaube und Herrschaft 35

Die Gründung des Bistums Bamberg 51

Die Organisation des Bistums 63

Eine Bischofskirche und ihre Schätze 79

Das „fränkische Rom" entsteht 91

Ausblick 115

Anhang 117

- Zeittafel 117
- Bildnachweis 118
- Grundlegende Literatur 119
- Übersichtskarte Bamberg 120

BAMBERG IM 11. JAHRHUNDERT

Vor mehr als tausend Jahren, im Jahr 1007 n. Chr., gründete König Heinrich II. (1002–1024) an seinem Lieblingsort, der Burg Bamberg, ein neues Bistum. Die Gründung dieses neuen kirchlichen Zentrums im heutigen Oberfranken war für die bayerische Geschichte ein einschneidender Akt, der weit über die Region hinaus bedeutend war. Wenn hier von bayerischer Geschichte gesprochen wird, dann ist es wichtig zu betonen, dass die Bistumsgründung in Bamberg sowohl für die Region Ostfrankens, die in dieser Zeit als „Francia orientalis" bezeichnet wird, als auch für den Raum des damaligen Herzogtums Bayern eine langfristige Weichenstellung darstellte. Das neue Bistum – so könnte man sagen – brachte die ganze bayerische Geschichte durcheinander, es schuf nicht nur in Franken neue Verhältnisse, sondern hatte mit seinen weitverbreiteten und umfangreichen von Heinrich II. geschenkten Besitztümern auch in Bayern und im Ostalpenraum beträchtlichen Einfluss, der für die Entwicklung des Herzogtums Bayern im 11. und 12. Jahrhundert von großer Bedeutung war.

Die große Bedeutung Bambergs für die Geschichte ganz Bayerns ist auch der Grund dafür, die Buchreihe „Das bayerische Jahrtausend“ mit dieser fränkischen Stadt beginnen zu lassen. Zu Beginn soll der Frage nachgegangen werden, was an dieser Bistumsgründung so besonders war. Dabei soll zunächst versucht werden, Bamberg in die Phasen der Bistumsentwicklung einzuordnen.

VORGESCHICHTE

Bistümer und Bistumsgründungen im deutschen Raum bis zum Jahr 1000

Bistümer gab es im Raum des heutigen Deutschlands teilweise schon in der späten Römerzeit, als in den römischen Städten wie Köln, Mainz, Worms, Speyer, Straßburg und Basel erste christliche Bischöfe wirkten und über einen bestimmten Bereich kirchliche Macht ausübten. Dabei entstanden auch die ersten Erzbistümer Köln, Trier und Mainz, innerhalb deren Kirchenprovinzen zahlreiche weitere Bistümer lagen und später entstanden.

→ **Bistum – Diözese – Sprengel**: Ein Bistum, oder auch Diözese, ist ein Teil der Gesamtkirche, dessen Gottesvolk im Bischof sein geistliches Haupt hat. Die Bezeichnung Diözese stammt aus der Verwaltungsgliederung des Römischen Reichs und beschreibt so auch den Amts- und Jurisdiktionsbezirk des Bischofs, der klare Grenzen hat. Dieses Bistumsgebiet wird als Sprengel oder Bistumssprengel bezeichnet. Der Sprengel der Diözese ist in Pfarreien und Dekanate aufgegliedert.

→ **Erzbistum – Erzdiözese**: Das Gebiet des Erzbischofs, die Kirchenprovinz, umfasst mehrere Diözesen (Suffraganbistümer). Diese stehen unter der Aufsicht des Erzbischofs. Heute gibt es in der römisch-katholischen Kirche in Deutschland sieben

Erzdiözesen, denen insgesamt 27 Suffraganbistümer zugeordnet sind.

→ **Hochstift**: Der Begriff Hochstift bezeichnet das weltliche Herrschaftsgebiet eines Bischofs, in dem er als Landesfürst regierte und damit Teil des deutschen Reichs mit Sitz und Stimme im Reichstag war. Die Hochstifte werden auch als Fürstbistümer oder Fürsterzbistümer und als geistliche Staaten bezeichnet. Sie entwickelten sich im Rahmen der Territorienbildung des Mittelalters und der Neuzeit aus zahlreichen Einzelrechten an Land und Personen und waren wiederum in zahlreiche Untergliederungen aufgeteilt. Sie bestanden als staatliche Gebilde in Deutschland bis zum Ende des Alten Reichs 1803 und wurden dann säkularisiert. Ihr Territorialbesitz wurde weltlichen Fürstentümern und neu entstehenden Königreichen wie Bayern zugesprochen.

Im frühen Mittelalter wurden weitere Bistümer gegründet, um die Missionierung in den bislang noch heidnischen Gebieten voranzutreiben oder um christlich gewordene Regionen und Volksgruppen in eine kirchliche Organisation einzubeziehen und so die kirchlichen Vorschriften zu vereinheitlichen. Im Herzogtum der Bajuwaren hatte der agilolfingische Herzog Theodo (ca. 680–ca. 717) um 715/16 in Verbindung mit dem Papsttum versucht eine Bistumsorganisation für sein Herrschaftsgebiet zu errichten. Dies wurde damals aber nicht realisiert, vermutlich, weil die aufstrebenden Karolinger eine eigenständige bayerische Herzogskirche im Frankenreich nicht dulden wollten. Zwanzig Jahre später waren hier die Karten im Mächtespiel neu gemischt. In Kooperation mit dem bayerischen Herzog Odilo (ca. 736–748) konnten 739 durch den angelsächsischen Missionar und Kirchenorganisator Bonifatius die Bistümer Salzburg, Freising, Passau und Regensburg sowie später auch Eichstätt organisiert werden.

Im Raum Frankens gründete Bonifatius 741 in Zusammenarbeit mit dem Hausmeier und späteren König des Frankenreichs Pippin dem Jüngeren (741–768, König 751) das Bistum Würzburg. Im Diözesangebiet des Würzburger Bischofs lag auch der Raum Oberfrankens und damit der spätere Bistumssprengel von Bamberg. Darauf wird später noch näher eingegangen.

Die Neuschaffung eines Bistums, also einer auf einen genau bestimmten Raum bezogenen kirchlichen Organisationsform, war an sich nichts Besonderes für die Könige des frühen Mittelalters. Der bedeutendste Bistumsgründer in dieser Hinsicht war Karl der Große (768–814), der in den Sachsenkriegen (772–804) den Raum südlich von Nordsee und Elbe erobert hatte und nun in sein Frankenreich integrieren musste. Dabei spielte die Kirche eine entscheidende Rolle. Ihr kam nicht nur die Aufgabe der Mission der noch heidnischen Sachsen zu, sondern auch eine wichtige organisatorische Rolle: Landeserschließung und Königsdienst. Denn Königsherrschaft in einem Großreich wie dem Reich Karls des Großen brauchte verlässliche Machtbasen in allen dazugehörigen Regionen. Karl gründete in diesem neuen Reichsteil um 780 das Bistum Osnabrück, 787 folgte eine Bistumsgründung in Bremen, 799 in Paderborn. Um 800 setzte Karl in Verden an der Aller, in Minden, Münster, und Hildesheim erste Bischöfe ein. Den engen Zusammenhang zwischen Bistumsgründungen und der Ausdehnung der Königsmacht verdeutlicht besonders die Gründung von Paderborn. Im Rahmen der Sachsenkriege hielt sich Karl der Große oft in Paderborn auf. Er ließ hier eine Königspfalz errichten, also einen repräsentativen Gebäudekomplex, der seine Macht im Sachsenreich sichtbar machen sollte. 777 fand hier erstmals eine Reichsversammlung statt, der bis 799 vier weitere folgten. Während des Reichstags von 799 traf Karl hier Papst Leo III. (795–816), der vor einem Aufstand in Rom zu ihm geflohen war, um ihn um Hilfe zu bitten. Im Rahmen dieses Papstbesuches kam es auch zur Gründung eines Bistums an diesem Zentralort der Königsherrschaft im südlichen sächsischen Raum. Königspfalz und Bischofssitz sind eine typische Verbindung bei der Ausdehnung der mittelalterlichen Königsmacht in neue Herrschaftsgebiete.

Auch unter den Ottonen (Heinrich I., Otto I. „der Große“, Otto II. und Otto III.), den Vorgängern König Heinrichs II., gab es weitere Bistumsgründungen, vor allem am nordöstlichen Rand ihres Reichs, das sich nun von einem Ostfrankenreich zu einem deutschen Reich wandelte: 948 wurden unter dem Einfluss von Otto dem Großen (936–973) die Bistümer Schleswig, Brandenburg und Havelberg gegründet, 967 folgten Magdeburg, Meißen, Merseburg und Zeitz sowie 972 das Bistum Oldenburg, die alle die Aufgabe der Slawenmission hatten und gleichzeitig die Königsherrschaft im Raum östlich der Elbe absichern sollten. Doch nicht nur die deutschen Könige gründeten neue kirchliche Zentren: 973 erreichte der böhmische Herzog Boleslav II. (967–999) in Verhandlungen mit Kaiser Otto dem Großen die Herauslösung seines Herrschaftsgebietes aus dem Diözesangebiet des Bistums Regensburg und die Gründung eines eigenen böhmischen Bistums mit Sitz in seinem Herrschaftszentrum auf der Prager Burg.

Die dabei sehr deutliche Verbindung eines weltlichen Herrschaftszentrums mit einem neuen kirchlichen Zentralort war auch bei der Gründung Bambergs ein bestimmender Faktor. Doch im Vergleich zu den bisher genannten Bistumsgründungen gab es – mit der Ausnahme Prags – einen entscheidenden Unterschied: Heinrich II. gründete diese neue Diözese nicht in einem neuen Herrschaftsgebiet, das er durch Eroberungen an sich gebracht hatte, und nicht in einem Raum in dem es bisher keine Diözesanorganisation oder Bischofssitze gegeben hatte, sondern im Grenzraum von fünf bereits bestehenden Bistümern: Würzburg, Erzbistum Mainz, Naumburg, Regensburg und Eichstätt. Die Geschichte dieser Bistumsgründung in Bamberg und damit die Entstehung eines neuen geistlichen und weltlichen Zentrums in Franken ist das Thema dieses Buches.

Der regionale Rahmen: Franken im Reich des frühen Mittelalters

Das heutige Franken war Teil der rechtsrheinischen „Francia Orientalis", also des Ostfrankenreichs. In diesem Raum gab es in der zweiten Hälfte des 7. Jahrhunderts ein Herzogtum, das den fränkischen Merowingerkönigen unterstellt war und seinen Hauptsitz in Würzburg hatte. Hier wirkte der aus Irland kommende Missionar Kilian (um 640–689) und fand um 689 dort auch seinen gewaltsamen Tod. Der Aufstieg der Karolinger von den Hausmeiern der Merowinger zu Königen des Frankenreichs brachte auch das Ende dieses eigenständigen Herzogtums mit sich. Der Hausmeier Karl Martell (717–741) band das fränkische Herzogtum ganz an sich. Die Gründung des Bistums Würzburg im Jahr 741 ist im Rahmen der karolingischen Machtexpansion zu sehen, die aus Franken auf lange Sicht ein Königsland machte. Im 8. und 9. Jahrhundert entstanden hier zahlreiche Königspfalzen, also Zentren der königlichen Macht. Aber es gab auch einen mächtigen fränkischen Adel mit weitreichendem Großgrundbesitz, Eigenkirchen und Eigenklöstern, der auf seiner Eigenständigkeit beharrte. Mehrfach kam es in Franken zu Adelsaufständen gegen die Königsmacht. 785/786 schlug Karl der Große den gefährlichen Aufstand des Hardrad nieder, in den auch thüringische Adlige verwickelt waren. In dieser Zeit war Franken ein wichtiger Stützpunkt der karolingischen Königsmacht, besiedelt von einer Mischbevölkerung aus autochthonen thüringisch-elbgermanischen Einwohnern, zugewanderten Franken und – vor allem im Osten – Slawen. Mit Würzburg und Eichstätt besaß es zwei Bistümer, daneben entstanden die ersten Klöster, die vorwiegend von Adligen gegründet wurden.

Der Raum um Bamberg im frühen Mittelalter

Auch das Gebiet Oberfrankens war im 8. und 9. Jahrhundert von der karolingischen Herrschaftsausbreitung erfasst worden. Hier war das wichtigste Zentrum der karolingischen Königsherrschaft das südlich von Bamberg gelegene Forchheim. Schon 805 unter Karl dem Großen im „Diedenhofener Kapitulare" (einer Königsverordnung) als Handelsort mit den Slawen erwähnt, an dem im Auftrag des Kaisers einer der wichtigsten Grafen des Karolingerreichs, Audulf, dafür sorgen musste, dass keine Waffen zu den Slawen geliefert wurden, entwickelte sich dieses Königsgut zu einer der bedeutendsten Königs- und Kaiserpfalzen der späten Karolingerzeit. Die wachsende Bedeutung der Pfalz Forchheim und damit auch des ganzen fränkischen Raums hängt eng mit Karl dem Großen zusammen. Dieser griff im späteren 8. Jahrhundert intensiv im Gebiet des heutigen Franken ein: Das Bistum Würzburg wurde von ihm mit der Mission in Sachsen beauftragt, er schlug – wie schon erwähnt – den Aufstand des mächtigen ostfränkischen Adligen Hardrad nieder, er versuchte zwischen Altmühl und Rednitz einen Kanal, die „Fossa carolina", in der Nähe von Treuchtlingen, bauen zu lassen, er befahl die Errichtung von 14 Slawenkirchen in der Würzburger Diözese, siedelte sächsische Gefangene in Franken an und empfing im Jahr 803 erstmals Gesandte des byzantinischen Kaisers in der Pfalz Salz bei Neustadt an der Saale. Im Rahmen dieser Gesamtsituation ist auch der Aufstieg Forchheims vom königlichen Handelsplatz zur Königspfalz zu sehen. Besonders unter König Arnulf wurde Forchheim zu einer Königspfalz von europäischem Rang, in der auf Reichsversammlungen wichtige außen- und innenpolitische Entscheidungen des späten Karolingerreichs fielen.

Neben Forchheim ist im Raum Bamberg auch der karolingische Königshof Hallstadt von Bedeutung: Er lag nur wenige Kilometer nördlich von Bamberg am verkehrsgünstigen Zusammenfluss von Main und Regnitz. Archäologische Funde zeigen, dass er schon früh besiedelt war. Mitte des 8. Jahrhunderts gaben die Karolinger den Ort dem jungen Bistum Würzburg als Teil dessen Gründungsausstattung. Die dortige Pfarrkirche, die dem heiligen Kilian geweiht ist, zeigt bis heute die alte Beziehung zu Würzburg an. Wie schon Forchheim, so taucht auch der Name Hallstadts in der Liste der Orte auf, die 805 im „Diedenhofener Kapitulare“ Karls des Großen als Etappenstation des Slawenhandels genannt werden.

Doch das karolingische Königsgut hatte vom Raum Hallstadt-Bamberg aus gesehen auch weiter nördlich und weiter östlich seine Stützpunkte. Eine einzigartige Quelle hierfür ist das sogenannte „Banzer Reichsurbar“, ein Besitzverzeichnis des Königsgutkomplexes um das heutige Kloster Banz. Dabei handelt es sich um einen Eintrag im „Codex Eberhardi“ des Klosters Fulda, den man erst 1955 als Abschrift einer karolingerzeitlichen Besitzliste für das im Obermaingebiet bestehende Königsgut erkannt hat. Der darin aufgeführte Besitz zeigt einen auffallend differenzierten und gut ausgebauten Reichsgutkomplex im Kontaktraum zwischen germanisch-fränkischem und slawischem Herrschafts- und Siedlungseinfluss am Obermain.

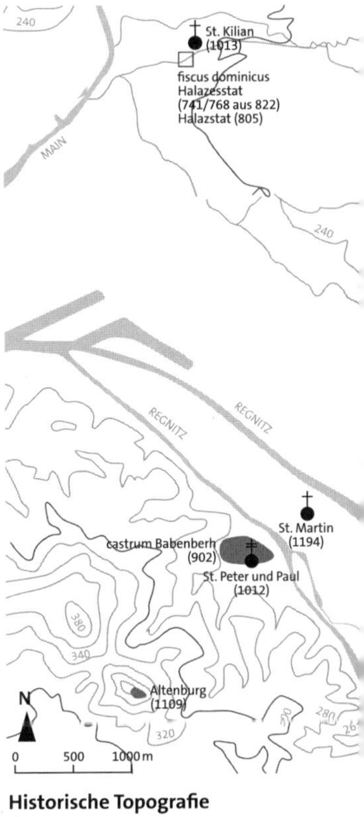

Historische Topografie des Raumes Bamberg-Hallstadt

In der Zeit nach Karl dem Großen, als sich das westliche Frankenreich, das spätere Frankreich, und das östliche Frankenreich, das spätere Deutschland, als eigenständige Herrschaftsgebiete der west- und ostfränkischen Karolinger entwickelten, stieg die Region zwischen Bamberg und Forchheim zur königlichen Zentrallandschaft auf. Signifikant zeigt sich die Bedeutung der Region, als im Jahr 900 der letzte ostfränkische Karolinger, Ludwig IV. das Kind (900–911), in Forchheim zum König gewählt wurde. Auch die Wahl seines Nachfolgers, König Konrad I. (911–918), wurde erneut in dieser Königspfalz vorgenommen. Konrad stammte aus dem in Franken mächtigen Adelsgeschlecht der Konradiner, das durch treuen Königsdienst unter Kaiser Arnulf aufgestiegen war und über umfangreichen Besitz am Mittelrhein und in Mainfranken verfügte. Seine Familie hatte in Franken um 900 einen Konkurrenten um die regionale Macht: die sogenannten Babenberger. Die zwei Familien lieferten sich um das Jahr 902 herum einen erbitterten und blutigen Regionalkrieg um die Vorherrschaft in Franken, die sogenannte „Babenberger Fehde". Dies zeigt, dass sich die königliche Zentrallandschaft des östlichen Franken zu einer auch von mächtigen Adelsfamilien beherrschten Region wandelte. In der Region um Bamberg war dies die Adelssippe der Brüder Adalbert, Adalhard und Heinrich, die 902 von der Burg Bamberg aus („ex castro quod dicitur Babenberh") gegen ihre konradinischen Konkurrenten kriegerisch vorgingen. In diesem Zusammenhang wird Bamberg also erstmals in einer schriftlichen Quelle erwähnt: Eine Burg in der Hand von mächtigen Adligen der späten Karolingerzeit, den sogenannten Babenbergern, in einem Raum, der zu den wichtigsten karolingisch-königlichen Machtzentren im Ostfrankenreich gehörte.

Die kirchliche Vorgeschichte: Die Entstehung des Bistums Würzburg

Mit der Entwicklung karolingischer Machtzentren im heutigen Franken ist auch die kirchliche Entwicklung verbunden. Diese ist vor 1007, also vor der Gründung des Bistums Bamberg, vor allem vom Bistum Würzburg ausgegangen.

Würzburg ist das älteste wichtige Herrschaftszentrum im Raum des heutigen Franken. Der Marienberg, auf dem bis heute die beeindruckende Bischofsfestung thront, war schon in keltischer Zeit besiedelt gewesen. Vom 6. Jahrhundert an dürfte es als Herrschersitz von fränkisch-thüringischen Herzögen gedient haben. Quellenmäßig festeren Boden erreichen wir in der Zeit zwischen 689 und 716. Um 689 wirkten hier die aus Irland kommenden Missionare Kilian, Kolonat und Totnan am Hof

Figurengruppe der Heiligen Kilian (Mitte), Kolonat und Totnan in der Neumünster-Kirche in Würzburg. Kopie der Riemenschneider-Holzfiguren von Heinz Schiestl (1867–1940)

der Würzburger Herzöge. Aus der „Passio Kiliani minor", der Beschreibung des Martyriums des heiligen Kilian sind uns die Namen dieser Herzöge überliefert: Hruodi, Hetan I., Gozbert und Hetan II. Sie unterstanden aller Wahrscheinlichkeit den merowingischen Frankenkönigen.

Von entscheidender Bedeutung für die zukünftige kirchliche Organisation der Mainlande war die Mission und noch mehr das Martyrium der Iren und Frankenapostel Kilian, Kolonat und Totnan, welches offensichtlich um 689 erfolgte.

→ Die ältere **Kilianspassion** besagt, dass der Ire Kilian, bereits in Irland Bischof, gemeinsam mit zwölf Gefährten die Heimat verlassen habe und auf seinem Missionszug nach Würzburg gelangt sei. Ausdrücklich wird betont, dass ihnen Land und Bewohner gefallen hätten, weshalb sie nach Rom gezogen seien, um eine päpstliche Erlaubnis für die Predigt bei dem noch heidnischen Volk in Mainfranken zu erlangen. Hier in Würzburg wurde Kilian nach der Auffassung von Wilhelm Störmer eine Art „Hofbischof" des Herzogs, der dort über eine

Kirche verfügte. Sofern die Iren Kilian, Kolonat und Totnan missionarisch tätig waren, hat sich dies wohl in erster Linie auf den Personenverband des Herzogs bezogen. Die hagiographische Quelle betont, Herzog Gozbert habe sich mit seinem ganzen Volk taufen lassen. Das Hauptinteresse des Autors gilt dem Martyrium der Heiligen, das seine Ursache in der Verurteilung der Ehe Gozberts mit Geilana hatte, die vorher mit Gozberts Bruder vermählt gewesen war. Über diese „Einmischung" Kilians kam es zum tödlichen Konflikt. Geilana ließ Kilian und seine Gefährten ermorden.

Kilian und seine Begleiter waren sicher nicht die Erstmissionare im fränkischen Raum, sondern Kämpfer für die strikte Befolgung der kirchlichen Vorschriften in bereits zumindest teilweise missioniertem Gebiet. Dass die Christianisierung in Franken im ausgehenden 7. und beginnenden 8. Jahrhundert schon deutliche Erfolge zeitigte, beweist die Tatsache, dass in Mainfranken, wie andernorts um diese Zeit, die Reihengräbersitte, also die Bestattung mit Waffen, Schmuck und anderen Beigaben aufgegeben wurde zugunsten eines christlichen Begräbnisses ohne alle Beigaben. Auch frühe Kirchenbauten aus dem 7. Jahrhundert wurden von der Archäologie in Mainfranken bereits ergraben.

Der letzte Würzburger Herzog aus der Familie der sogenannten „Hedene", Heden II., tritt uns in den Quellen zwischen 704 und 716 als Klostergründer und Kirchenorganisator Mainfrankens vor Augen, und zwar in Zusammenarbeit mit dem angelsächsischen Missionar Willibrord (658–739). Im Auftrag Herzog Hedens II. (ca. 690–ca. 719) sollte Bischof Willibrord in Hammelburg an der Saale ein Kloster aufbauen. Dies geschah etwa zur gleichen Zeit wie der bereits erwähnte Versuch des Bayernherzogs Theodo eine eigene baiuwarische Bistumsorganisation aufzubauen.

Das Projekt der Klostergründung scheiterte aber, vermutlich weil Bischof Willibrord nach 719 wieder in Friesland missionierte, wahrscheinlich aber auch weil das merowingerzeitliche mainfränkische Herzogtum Hedens II. durch die Machtexpansion des karolingischen Hausmeiers Karl Martell beendet wurde, der um 719 den ostrheinisch-fränkischen Raum fest in seinen Griff nahm.

Es fehlte trotz der Missionsarbeit Kilians, trotz der kirchenpolitischen Kooperation Willibrords mit dem letzten mainfränkischen Herzog Heden II. an einer übergreifenden kirchlichen Organisation im heutigen Franken. Das Bistum Mainz war zwar mit Kirchengründungen bereits nach 700 bis zum Spessart und bis zur Tauber vorgedrungen, doch war es zu sehr in rheinische Interessen verstrickt.

Winfrid-Bonifatius, ein angelsächsischer Mönch, der 722 vom Papst zum Bischof geweiht worden war und der einen Schutzbrief Karl Martells erhalten hatte wurde zur Gründergestalt des Bistums Würzburg. Nachdem er in Mainfranken bereits eine Reihe von Frauenklöstern gegründet hatte, kam es in den Jahren 741/742 zur Gründung neuer Bistümer. Sowohl das neue Bistum Würzburg wie auch das ebenfalls von ihm gegründete nordhessische Bistum Büraburg wurden innerhalb fränkischer Burganlagen eingerichtet. Sie entstanden also in Zusammenarbeit mit den karolingischen Hausmeiern, noch bevor diese das merowingische Königtum beseitigt hatten und selbst Frankenkönige wurden.

Das neue Bistum wurde in drei Stufen von den Söhnen Karl Martells, besonders von Karlmann (742–747), reich mit königlichem Besitz und Rechten im ganzen Raum des heutigen Franken ausgestattet. Der schon erwähnte Königshof Hallstadt war dabei einer der östlichsten Besitzkomplexe dieser Gründungsausstattung.

In Würzburg setzte Bonifatius mit Burkhard (741–753/54) einen Landsmann als ersten Bischof ein. Er nahm nicht nur die wichtige Gründungsausstattung Karlmanns mit den zahlreichen königlichen Eigenkirchen entgegen, sondern auch die große Schenkung von Karlmanns Bruder Pippin dem Jüngeren, der

751 zum Frankenkönig aufstieg. Zu den bereits bestehenden Frauenklöstern Marienberg in Würzburg und Karlburg gründete Burkhard das Kloster St. Andreas in Würzburg und erbaute um 746 den Salvator-Dom zu Würzburg.

Er ist es auch, der die Gebeine von Kilian, Kolonat und Totnan im Jahr 752 erstmals erheben ließ, und damit die Verehrung des Heiligen als Apostel der Diözese Würzburg und später als Patron aller Franken initiierte.

Von Würzburg aus ging nun die kirchliche Organisation seines Bistumssprengels aus. Dieser reichte im Norden über die Rhön hinaus bis in die Gegend von Fulda, entlang des Thüringer Waldes bis ins Vogtland. Von dort aus führte die Bistumsgrenze mit dem Bistum Regensburg am Westrand des Fichtelgebirges entlang nach Süden und Südwesten ins Pegnitztal bis in die Gegend von Nürnberg und Fürth und weiter – begrenzt durch die Diözesen Eichstätt, Augsburg und Speyer – über die Ansbacher Gegend in Richtung Heilbronn, wo die Grenze des Bistums Worms erreicht wurde. Im Westen verlief die Bistumsgrenze dann nordwärts durch den Odenwald und den Spessart in Richtung Fulda.

Die Reichweite der Organisation des Bistums Würzburg in den Bamberger Raum lässt sich gut an der Verbreitung des Kilianspatroziniums messen und soll mit wenigen Beispielen verdeutlicht werden. Die Kilianskirche in Hallstadt wurde bereits erwähnt, noch weiter im Nordosten des Bistums finden wir in Altenkunstadt am Obermain eine Kilianskirche, deren Gründung in die Karolingerzeit zurückgeht. Auch in Pretzfeld, das bei Forchheim in der fränkischen Schweiz liegt, vermutet man einen karolingerzeitlichen Ursprung dieses Patroziniums. Diese drei Beispiele zeigen deutlich, dass im späteren Diözesangebiet Bambergs der kirchliche Einfluss Würzburgs durchaus gegeben war und dass dieser Raum nicht als Randgebiet der Christenheit angesehen werden sollte.

Bereits unter Karl dem Großen wurde das Bistum Würzburg gefördert und gefordert: Als Ausgleich für Besitzschenkungen

Das Bistum Würzburg vor der Gründung des Bistums Bamberg (gepunktete und gestrichelte Linien stellen Bistumsgrenzen dar)

musste das Bistum in der Sachsenmission wichtige Aufgaben wahrnehmen. Schon in dieser Zeit war also das Missionsland Franken zum Land der Missionare geworden.

Das „ottonische Reichskirchensystem"

Besonders in der Zeit der Ottonenkönige und -kaiser veränderte sich die Rolle des Bistums Würzburg und die der Bistümer im Rahmen des sogenannten ottonisch-salischen Reichskirchensystems nochmals deutlich: Kaiser Otto der Große wertete die rechtliche Stellung der Bischöfe, aber auch die zahlreicher Äbte von Reichsabteien auf. Er übertrug ihnen Grafschaften und damit auch weltliche Herrrschaftsrechte, die bisher in der Hand

Ansicht von Würzburg um 1650 aus der Topographia Germaniae des Matthäus Merian

des Reichsadels waren. Dazu kamen Schenkungen von Burgen und von Wildbannen. Ein Wildbann bedeutete einerseits das Recht auf Jagd, andererseits war damit das Rodungsrecht verbunden. Besonders die Grafschaften und der Wildbann wurden für die Bistümer später zur Grundlage einer umfassenderen Herrschaftsentwicklung. Als Inhaber der Grafschaften konnten sie in einem großen Gebiet die Gerichtsherrschaft ausüben, als Inhaber des Wildbanns hatten sie ein Instrument zum Landesausbau in der Hand: die Rodung und die damit mögliche Siedlungsentwicklung. Die Bischöfe wurden so von geistlichen Oberhirten auch zu weltlichen Herren, die in bisherige Positionen der adligen Familienverbände einrückten. Hintergrund dieser Entwicklung waren zahlreiche regionale Adelsaufstände gegen die Königsherrschaft. Durch die Übertragung von weltlichen Herrschaftsrechten an Bischöfe und Äbte, die mehr und mehr aus der Hofkapelle, also aus dem direkten klerikalen Umfeld des Königs kamen, entstand ein neuer, direkt an das Königtum und weniger an die regionalen Adelsclans gebundener Episkopat, der ganz im Dienste des Königs und seiner Herrschaft über Welt und Kirche stand. Die Bischöfe dienten also neben Gott und ihrem Kirchenvolk auch dem Königtum. Für das Bistum Würzburg – und später auch für Bamberg – bedeutete dies zweierlei: Der Bischof wurde einerseits mehr und mehr zum machtvollen Landesherren. Neben die kirchlichen Rechte und Pflichten eines geistlichen Oberhirten einer Diözese traten nun auch weltliche Herrschaftsrechte: Der Bischof konnte im Lauf der Zeit Burgen bauen, Wälder roden und neue Dörfer, Märkte und Städte gründen, Münzen schlagen lassen, Zölle an Flüssen und Straßen erheben, Recht sprechen und Recht sprechen lassen. Kurzum: Der Weg vom Bischof zum Fürstbischof war geebnet.

Andererseits bedeutete diese Einbindung in die Königsherrschaft aber auch eine immer stärker werdende Heranziehung des Bischofs und seines Bistums in den Königsdienst, das „Servitium Regis“. Man musste dem König und seinem Hofstaat bei seinen Besuchen in der Region Quartier bieten, in diplomatischen Missionen und sogar im Krieg für ihn einstehen mit allem, was man von ihm erhalten hatte: Burgen, Menschen, Land.

Besonders deutlich wird diese ottonische Kirchenpolitik relativ kurz vor der Gründung des Bistums Bamberg in Würzburg: Im Jahr 995 führte Bischof Bernward von Würzburg (990–995) zusammen mit Bischof Johannes von Piacenza (988–997) eine diplomatische Mission für den jungen König Otto III. nach Konstantinopel an. Auf der Seereise dorthin starb er jedoch. Noch im selben Jahr kündigte Kaiserin Agnes, die Großmutter Ottos III., ihren Besuch in Würzburg mit einem Brief an. Das bedeutete für Würzburg die Nutzung all der Ressourcen des im Entstehen befindlichen Bischofslandes zur Versorgung des Hofstaats der Kaiserin. Im Jahr 1000 schenkte Kaiser Otto III. dem Bistum dann den Wildbann bei Burgbernheim und bei Leutershausen an der Frankenhöhe, die Königspfalz Salz im Saaletal mit allem Zubehör, also einen schon aus der Karolingerzeit stammenden Königsgutkomplex. Im selben Jahr kamen außerdem die Grafschaften Waldsassen (in der nördlichen Oberpfalz) und Rangau (zwischen Ansbach und Bad Windsheim) als weltliche Herrschaftsgebiete des Bischofs hinzu.

Für die Gründung des Bistums Bamberg durch Heinrich II. war diese Politik seiner Vorgänger der vorgegebene Weg, den er aber noch wesentlich stärker auf einen bestimmten Ort konzentrierte: seinen Lieblingsort Bamberg.

Die alte Babenburg und ihre Geschichte vor 1007

Die schriftlich überlieferte Geschichte der „Babenburg" („ex castro quod dicitur Babenberh") beginnt, wie schon erwähnt, im Jahr 902 in Zusammenhang mit der sogenannten „Babenberger Fehde". Die Archäologie zeigt uns aber, dass die Burganlage wesentlich älter ist. Ausgrabungen haben geklärt, dass sie auf dem Bamberger Domberg lag und nicht anstelle der wesentlich höher gelegenen Altenburg. Bei den Ausgrabungen kamen Reste einer mächtigen steinernen Befestigungsmauer, eine aus Stein erbaute Burgkirche mit einem zugehörigen und äußerst dicht belegten Burgfriedhof, in dem sich auch eine Familiengrabstätte befand, zutage. Der Friedhof wurde über mehrere Generationen hin benutzt und erst um 1007 aufgegeben, als mit dem Bau des Doms und der Pfalzgebäude begonnen wurde.

Den hier bestatteten Personen waren nur in Einzelfällen spärliche Beigaben mit in ihre Gräber gelegt worden, die direkt in den hier anstehenden Sandstein eingegraben waren. Die Burgkirche entstand wahrscheinlich in der ersten Hälfte des 9. Jahrhunderts, also in der Karolingerzeit, in jener Zeit also, in welcher der Raum des östlichen Franken für das Königtum zu einer Zentrallandschaft wurde. Die Burgkirche war eine 13 Meter breite und mindestens 20 Meter lange Saalkirche, die dann vor 1007 dem Dombau Heinrichs II. weichen musste. Nordwestlich grenzt heute die „Alte Hofhaltung" an den Bamberger Dom an. Dabei handelt es sich um die mittelalterliche Bischofspfalz. An ihrer Stelle wurde bei den Ausgrabungen ein Grubenbau gefunden, also ein in den Boden eingegrabenes Haus in besonders massiver Holzpfostenbauweise, bei dem der Fußboden des Erdgeschosses tiefer lag als die Außenfläche. Vermutlich war es ein Fachwerkgebäude und diente wohl einer handwerklichen Pro-

Schematischer Plan des Dombergs: 1 Burgkirche; 2 Friedhof um die Burgkirche; 3 Gräber nördlich der Dompforte der Alten Hofhaltung; 4 Nordgrenze des Friedhofes; 5 Grubenbau; 6 Grabungsstelle am Domplatz; 7 Spitzgraben der Befestigung; graue Einfärbung: frühmittelalterliche Siedlungsspuren vor 1000

duktion, möglicherweise einer Weberei. Zahlreiche andere Holzpfostenreste belegen weitere ähnliche Gebäude im Bereich der „Alten Hofhaltung". Die Burganlage war also nicht nur ein militärischer Wehrbau und adliger Wohn- und Repräsentationsbau, sondern auch ein Wirtschaftshof, in dem spezialisiertes Handwerk anzutreffen war. Die Ausgrabungen auf dem Bamberger Domberg haben bisher nur relativ kleine Teile des ganzen Areals erfasst. Immerhin zeigten sich an zahlreichen Stellen frühmittelalterliche Siedlungsspuren aus der Zeit vor 1000. Was noch nicht gefunden wurde, ist der Nachweis eines repräsentativen in Stein gebauten Wohnbaues für den Burgherren. Vielleicht bestand ein solches Gebäude vor 1000 auch nicht, denn auch die Holzpfostenbauweise konnte zweistöckige und großräumige Häuser hervorbringen.

Wie groß war die Burganlage? Die Topografie des Dombergs legt nahe, dass die Wehrmauer am Rand der Hochfläche entlang führte und bergwärts in Richtung Jakobskirche von einer Schildmauer abgeschlossen wurde. Damit hätte die Burg eine Fläche von etwa 6,7 Hektar eingenommen und den gesamten späteren Dombezirk umfasst. Sie könnte aber auch etwas kleiner gewesen sein. Der einzige sichere Anhaltspunkt ist die ergrabene massive und vermörtelte Wehrmauer im Westen des Doms. Sie hatte eine Fundamentbreite von 1,9 Meter und wurde, wie die Burgkirche, um 1007 durch eine wesentlich breitere und mächtigere Mauer ersetzt. Ihre Lage direkt an der Hangkante legt nahe, dass sie auch an anderen Stellen der Topografie des Dombergs folgte. Insgesamt ergibt sich also auch schon vor der Bistumsgründung das Bild einer beeindruckend großen Burganlage, die von West nach Ost bis zu 400 Meter lang und von Süd nach Nord bis zu 200 Meter breit gewesen sein könnte. Ähnliche Burganlagen aus dem frühen Mittelalter gab es in Oberfranken in Banz, Burgkunstadt und Kronach.

Unterhalb der Burg, am südlichen Hang des Dombergs und nach Osten hin zur Regnitz war bereits vor 1000 eine zugehörige Siedlung entstanden. Ob es hier eine eigene Pfarrkirche gegeben hatte und wie groß das Siedlungsareal war, ist mangels großflächiger archäologischer Grabungen aber nicht klar.

Die Babenburg war bei ihrer ersten Erwähnung 902 in der Hand einer adligen Familie, die man später – nach ihrer Burg – Babenberger genannt hat. Aus Babenberg wurde im Lauf der Zeit Bamberg. Ob die Babenberger diese Burg als königliches Lehen innehatten, wird aus den Quellen nicht deutlich. Die Größe der Burganlage und ihre Zeitstellung macht dies jedoch wahrscheinlich. Die sogenannte „Babenberger Fehde“, ein blutiger Regionalkrieg um die Vorherrschaft in Franken, wurde oben bereits kurz erwähnt. Die Brüder Adalbert, Adalhard und Heinrich waren 902 von der Burg Bamberg aus gegen ihre konradinischen Konkurrenten zu Felde gezogen, wobei Adalhard und Heinrich im ersten Jahr des Krieges getötet wurden. Adalbert jedoch konnte das konradinische Gefolge 906 in Hessen vernichtend schlagen und mit reicher Beute nach Bamberg zurückkehren. Anschließend wurde Adalbert von den Truppen des Königs Ludwigs des Kindes, des letzten ostfränkischen Karolingers, in einer seiner anderen Burgen, nämlich in Theres am Main (zwischen Schweinfurt und Bamberg) belagert. Obwohl er sich dem damals dreizehnjährigen König auslieferte, ließ dieser – oder seine Berater – keine Gnade walten: Adalbert wurde zum Tode verurteilt und am 9. September 906 hingerichtet. Seine Besitzungen in Franken wurden zu Königsgut oder wurden an königliche Parteigänger als Lehen weitergegeben.

→ Das **Lehenswesen** (auch Feudalsystem) bildete die Grundlage der mittelalterlichen und frühneuzeitlichen Gesellschaftsordnung. Der Lehensherr war der rechtliche Eigentümer von Grund und Boden oder von Rechten und verlieh diese dem Lehensnehmer erblich oder auf Lebenszeit. Dafür musste der Lehensempfänger dem Lehensherrn persönliche Dienste leisten. Beide verband die Pflicht zur gegenseitigen Treue. Der Lehensherr musste den Lehensnehmer schützen, dieser war zur Hilfeleistung (Kriegsdienst) verpflichtet. Lehensherr konnte der König, ein Herzog oder ein anderer Fürst und Adliger, ein Bischof oder auch eine Reichsstadt sein. Vom Fürsten bis zum Bauern reichte das Spektrum der Lehensnehmer. Man konnte auch Lehen verschiedener Lehensherren annehmen. Neben dem Besitz von Lehen bildete auch Eigenbesitz (Allod) ohne Lehensbeziehung eine Grundlage des mittelalterlichen Adelsbesitzes.

Die Babenburg war also spätestens im September 906 eine Königsburg geworden und stand nun dem Königtum zur weiteren Nutzung zur Verfügung. Erst 964 wird Bamberg wieder erwähnt und zwar als Ort, an dem man einen hochrangigen „Staatsgefangenen" unterbrachte. Otto I., der im Jahr 962 in Rom zum Kaiser gekrönt worden war, schickte seinen italienischen Widersacher Berengar von Ivrea und dessen Gemahlin

Willa ins Exil nach Bamberg. 966 wurde Berengar in der Burgkirche mit königlichen Ehren bestattet. Sieben Jahre später wurde die Burg von König Otto II. dem bayerischen Herzog Heinrich II. „dem Zänker" (955–976 und 985–995) zusammen mit dem Ort Stegaurach geschenkt. Wie kam es dazu?

Der Gründer der ottonischen Königsdynastie Heinrich I. (919–936) hatte zwei Söhne, den späteren König Otto I. (den Großen) und Heinrich. Letzterer war bei der Erbfolgeregelung im Königreich leer ausgegangen und rebellierte deshalb lange gegen den Bruder. 948 übertrug Otto I. seinem Bruder dann das Herzogtum Bayern. Als Herzog Heinrich I. (948–955) gründete dieser eine Herzogsdynastie und heiratete die Tochter des luitpoldingischen Bayernherzogs Arnulf (907–937). Doch diese ottonisch-luitpoldingische Heinrichs-Linie beharrte weiter auf ihren Erbrechten am Königreich. Als Otto I. 973 starb, wie auch beim Tod Ottos II. 983 und Ottos III. 1002, beanspruchten sie den Thron und waren bereit für diesen Anspruch auch zu kämpfen. Herzog Heinrichs I. gleichnamiger Sohn wurde daher in der Chronistik mit dem Beinamen „der Zänker" versehen. Dieser Herzog Heinrich II. von Bayern hatte mit seiner ererbten Burg Bamberg einen Stützpunkt außerhalb seines Herzogtums. Dieses reichte im 10. Jahrhundert im Norden bis in die Gegend von Erlangen und schrumpfte erst durch die Bamberger Bistumsgründung und die damit verbundenen Gebietsschenkungen wieder in Richtung Süden. Als Heinrich der Zänker 995 starb, erbte sein Sohn, der spätere König und Kaiser Heinrich II., der Gründer des Bistums Bamberg, das Herzogtum Bayern und die Burg Bamberg. Hier hatte es ihm nach dem Bericht des zeitgenössischen Chronisten Thietmar von Merseburg schon als Kind so gut gefallen, dass er den Ort besonders geliebt hat und später mehr als andere begünstigte. Offensichtlich war Heinrich der Zänker mit seiner Familie also des Öfteren nach Bamberg gereist, um hier seinen Besitz- und Herrschaftsanspruch zu manifestieren. Sein Sohn, der junge Heinrich, konnte so die Burg über dem Regnitztal mit dem weiten Blick über die umliegenden

Stammbaum Heinrichs II. aus der Weltchronik des Hartmann Schedel von 1493

Hügel bis zur gegenüberliegenden Mittelgebirgslandschaft des fränkischen Jura genießen und lieben lernen. Bamberg war ihm so wertvoll, dass er es bei seiner Hochzeit seiner jungen Gemahlin Kunigunde als Witwengut, also quasi als Grundlage ihrer standesgemäßen Altersversorgung nach seinem Tode, übertrug. Auf ähnliche Weise hatten schon seine ottonischen Vorgänger ihre Frauen mit wichtigen Königspfalzen in Sachsen beschenkt.

Was gehörte zu diesem Geschenk? Sicher gehörte die gesamte Burg dazu und auch die Grundherrschaft über das Suburbium, also die Siedlung aus der dann im 11. und 12. Jahrhundert die Stadt Bamberg entstehen sollte. Eine solche Burg als Herrschaftszentrum kann aber nicht ohne entsprechendes zugehöriges Umland funktionieren, das die Versorgung mit vielfältigen Lebensmitteln garantierte. Im Falle von Bamberg können wir die Größe dieser Besitzausstattung nur erahnen. Eine Vorstellung davon, wie groß bemessen ein derartiges wirtschaftliches Rückgrat eines Machtmittelpunkts im frühen Mittelalter war, vermittelt uns der folgende Vorgang: Heinrich II. schenkte bei der Gründung des Bistums Bamberg die immer noch existierende Königspfalz Forchheim als Teil des Fundationsgutes. Neben der Pfalz und der frühurbanen Siedlung rund um die Pfalz gab er 14 Dörfer im weiten Umkreis hinzu.

Dieses Pfalzumland der Forchheimer Königspfalz ging aber weit über die 14 Orte hinaus. Dazu gehörte auch der Wildbann, der sich in einem weiten Kreis rund um Forchheim erstreckte. Er umschloss das große frühmittelalterliche Jagdgebiet der Pfalz, innerhalb dessen noch große geschlossene Waldgebiete lagen. Vorwiegend in den Tälern und Flussebenen befanden sich die Siedlungen. Diese gehörten ebenfalls zu dem von der Pfalz aus verwalteten Königsgut. Zu allen Orten gehörte landwirtschaftlich nutzbares Land mit einer Vielfalt an landwirtschaftlicher Produktion und Spezialisierungen an bestimmten Orten. So konnte in Orten, die an der Auenlandschaft der Regnitz liegen, vor allem Viehzucht betrieben werden. Die sandigen Böden westlich davon lassen ganz andere Möglichkeiten

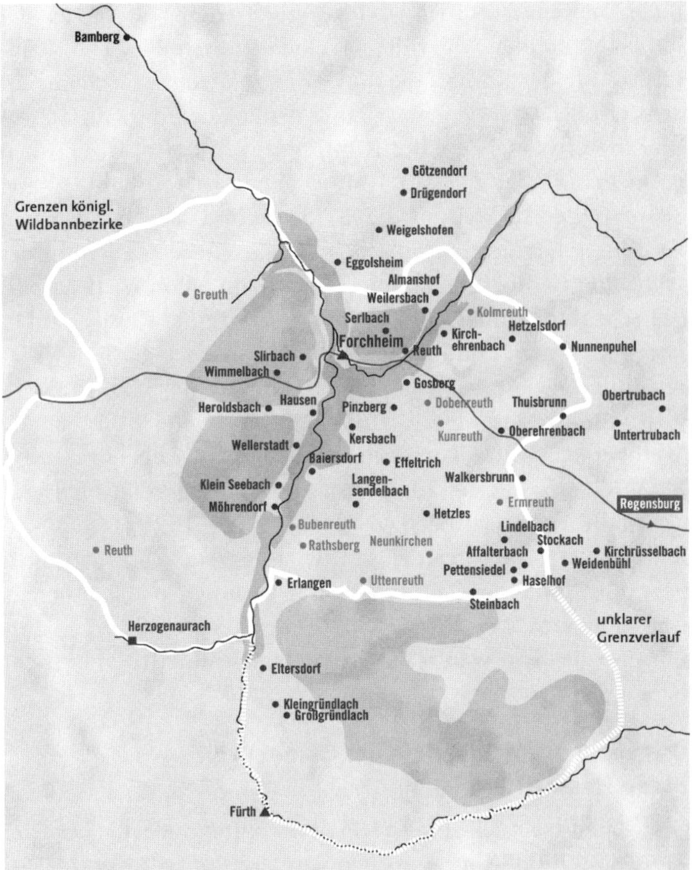

Das Pfalzumland von Forchheim

des Ackerbaus erwarten als die mehr von lehmigen Ackerflächen geprägten Fluren in den Tälern im Juravorland. Die trockenen, wasserarmen Gebiete auf der Albhochfläche eignen sich bestens für die Schafzucht und extensive Weidewirtschaft. In den Tälern des Juragebirges ist der Fischreichtum der Gewässer nutzbar gewesen, aber auch der frühe Erzabbau ist zu erwarten, der hier an manchen Orten noch weit in die Frühe Neuzeit hinein betrieben wurde. An den südlich geneigten Hängen der Flusstäler können wir frühen Weinbau annehmen. Die Weinversorgung der Königshöfe und Königspfalzen war schon Karl dem Großen wichtig gewesen, der den lokalen oder regionalen Weinbau in der Nähe des Königsgutes förderte. In Franken kann man in der Zeit vor 1000 einen engen Zusammenhang zwischen der Ausbreitung des Weinbaus und dem Bestehen von karolingischem und ottonischem Königsgut feststellen. In der Nähe von Bamberg ist das bei Viereth am Main nachweisbar: 911 schenkte König Konrad I. direkt nach seiner Königswahl in Forchheim dem Gumbertuskloster in Ansbach Besitz in Viereth mit zugehörigen Weinbergen. 1007 erhielt das gerade in Gründung befindliche Bistum Bamberg bereits bestehende Weinberge in seiner Umgebung und zwar als Zubehör des von Heinrich am 6. Mai 1007 geschenkten Königshofes Hallstadt am Main. Dabei wird der Weinbau übrigens an der ersten Stelle der hier vorkommenden landwirtschaftlichen Nutzungen genannt. Ob es an den Hängen der Bamberger Hügel bereits um 1000 auch Weinberge gab, wie dies spätestens im 12. Jahrhundert der Fall war, ist in schriftlichen Quellen aber nicht nachweisbar.

Das Herzogtum Bayern in der Ottonenzeit bis zu Herzog Heinrich IV.

Wer waren Heinrich II. und seine Frau Kunigunde, die beide, er 1146, sie 1200, heiliggesprochen wurden? Als Gründer des Bistums Bamberg sind sie in die Geschichte eingegangen. Durch die Heiligsprechung wurden sie zu Objekten der Heiligenverehrung. Zahlreiche Kirchen – nicht nur im Bistum Bamberg, sondern in ganz Mitteleuropa – tragen als Patrozinium ihren Namen. Um ihre Herkunft und ihren Weg bis zur Bamberger Bistumsgründung erklären zu können, ist zunächst ein Blick auf Heinrichs Heimat, das Herzogtum Bayern notwendig.

Heinrich II. war der Urenkel von König Heinrich I., dem Begründer der ottonischen Königsdynastie aus dem sächsischen

Herzogsgeschlecht der Luidolfinger. Der zweitälteste Sohn des Königs war sein Großvater und hieß ebenfalls Heinrich. Dieser war seit 937 mit Judith, der Tochter Herzog Arnulfs von Bayern (907–937), verheiratet und wurde 947 von seinem Bruder, König Otto dem Großen, als Herzog von Bayern eingesetzt. Damit versuchte Otto die Ansprüche seines Bruders auf das Königserbe zu beschwichtigen.

Nach dem Tod Herzog Heinrichs I. 955 folgte ihm nur sein vierjähriger gleichnamiger Sohn als Herzog nach, den man später den „Zänker" nannte. Für ihn regierte zunächst lange seine Mutter, die Herzogstochter Judith, das Herzogtum Bayern. Im Jahr 972 heiratete Heinrich der Zänker eine Königstochter, nämlich Gisela von Burgund (um 950–1006/07), die Tochter des Königs Konrad von Burgund (937–993) aus dem Hochadelsgeschlecht der Welfen. Diese Prinzessin war die Mutter des Bistumsgründers von Bamberg. Herzog Heinrich II. regierte sein Herzogtum zunächst von 955 bis 976 und dann wieder von 987 bis 995. In der Zwischenzeit hatte er sein Herzogtum verloren. Dies war die Folge des jahrelangen Machtkampfes mit seinem Vetter, König Otto II. (973–983), den Heinrich verloren hatte. Er wurde als Herzog von Bayern abgesetzt und kam in Gefangenschaft. Sein Sohn, der spätere Kaiser Heinrich II., wurde der Hildesheimer Domschule zur Ausbildung für die geistliche Laufbahn übergeben, in den Augen Ottos II. sollte die Linie der bayerischen Heinriche also nie mehr zur Herrschaft kommen. Der verlorene Aufstand gegen den königlichen Vetter hatte 976 einschneidende Folgen für das Herzogtum Bayern: Es wurde um fast ein Drittel verkleinert. Das bisher dazugehörende Kärnten wurde als eigenständiges Herzogtum etabliert. Die Grafschaften Verona und Friaul, die ebenfalls locker zum Herzogtum gehört hatten, wurden ebenfalls abgetrennt, wodurch die bayerischen Herzöge ihren Einfluss in Oberitalien und auf die königliche Italienpolitik einbüßten. Als neuen Herzog setzte Otto II. seinen Neffen Otto ein, der gleichzeitig Herzog von Schwaben geworden war. Auch nach dessen

Tod 982 konnte Heinrich der Zänker noch nicht in sein Herzogsamt zurückkehren. Stattdessen griff Kaiser Otto II. auf einen älteren Verwandten zurück: Der Luitpoldinger Heinrich hatte bereits 976 das neu etablierte Herzogtum Kärnten erhalten und wurde nun bis 985 als Herzog Heinrich III. zum Herrn über beide Territorien einschließlich der italienischen Markgrafschaft Verona.

983 starb Kaiser Otto II. Erneut kam es zum Thronstreit: Heinrich der Zänker war von Bischof Folkmar von Utrecht aus der Haft entlassen worden und hatte zwischenzeitlich den dreijährigen Thronfolger Otto III. (983–1002)in seine Hand bekommen. Doch für eine Übernahme oder Teilhabe an der Königsherrschaft konnte er nicht genügend Verbündete im Reich finden. Er brachte den kleinen König zurück zu seiner Mutter Theophanu. Die Kaiserin und Nichte des oströmischen Kaisers Johannes I. Tzimiskes regierte nun für ihren Sohn im Reich. 985 versöhnte sie sich mit dem Vetter ihres verstorbenen Mannes, Heinrich dem Zänker, und gab ihm sein altes Herzogtum Bayern wieder zurück. Seinem Verwandten, Herzog Heinrich III. von Bayern, blieb aber bis zu seinem Tod 989 das Herzogtum Kärnten mit den italienischen Marken. Als Heinrich der Zänker 995 in Gandersheim in Niedersachsen starb, hinterließ er seinem Sohn ein großes Herzogtum, das dieser völlig neu gestalten sollte.

GLAUBE UND HERRSCHAFT

Heinrich und Kunigunde

Heinrich wurde am 6. Mai 973 geboren. Der bayerische Landeschronist des 16. Jahrhunderts, Johannes Aventinus, berichtet, dass dies in der Burg Abbach in der Umgebung der Hauptstadt des Herzogtums, Regensburg, geschah. In Regensburg befand sich die wichtigste Herzogspfalz. Die Stadt war Bischofssitz und wies zahlreiche Klöster und Stifte auf. Für den Herzog war die Alte Kapelle die zentrale Kirche, sie war die Pfalzkapelle. Regensburg war der hauptsächliche Ort seiner Kindheit, hier lebte und wirkte sein Erzieher, Bischof Wolfgang, der als heiliger Wolfgang später weite Verehrung erfuhr. Eine besondere Beziehung bestand auch zum Kloster St. Emmeram und zu dessen Abt Ramwold. St. Emmeram war zu dieser Zeit das wichtigste monastische Reformzentrum Bayerns, sein Abt ein persönlicher Vertrauter des jungen Herzogs. Auch in Freising, einem weiteren alten Bischofssitz mit Herzogspfalz, war Heinrich oft. Bischof Abraham von Freising war ebenfalls einer seiner Lehrer. Wie oft er Bamberg in dieser Zeit besuchte, wissen wir aber nicht.

In der Zeit der Gefangenschaft seines Vaters wurde er wohl zwischen 980 und 985 in der Hildesheimer Domschule weiter ausgebildet, da Otto II. ihn für die klerikale Laufbahn vorgesehen hatte.

Nach der Rückkehr seines Vaters nach Bayern kam auch Heinrich wieder hierher und konnte sich auf seine spätere Rolle als Herzog vorbereiten. 994 wurde Heinrich von seinem Vater und den bayerischen Führungseliten als „condux" (Mitregent) akzeptiert und 995 nach dessen Tod mit ausdrücklicher Zustimmung des bayerischen Adels von Otto III. als Herzog bestätigt und eingesetzt. Bayern war das Zentrum seiner Macht, auch in der Zeit als er bereits König war. Hier hatte er sein Netzwerk aus Adel und Klerus, das ihn unterstützte. Als König setzte er daher zahlreiche bayerische Geistliche in wichtige Bischofsämter außerhalb Bayerns ein: Im Patriarchat Aquileia an der Adria, in Magdeburg, in Köln und in Mainz. In seiner Hauptstadt Regensburg dürfte sich auch sein sakrales Herrschaftsverständnis ausgebildet haben, von dem noch zu sprechen sein wird.

Bildnis Heinrichs II. auf einer Bleibulle (bleiernes Siegel)

Als Herzog von Bayern führte er politisch die Linie seines Vaters als „regalis dux", also als königsgleicher Herzog fort. Er tat viel für die geistlichen Institutionen seines Landes, besonders für die in Regensburg. Auch das alte Reichskloster Tegernsee sah in Heinrich einen großen Förderer. Zu seinem Vetter, dem Kaiser Otto III., hatte er ein gutes Verhältnis. Dies zeigt sich daran, dass er ihn auf seinen Italienzügen und bei dessen Pilgerreise zum Grab des heiligen Adalbert nach Gnesen in Polen begleitete, wo Otto III. ein erstes polnisches Erzbistum errichten ließ.

Um 998 trat Kunigunde in sein Leben. Sie war die Tochter des Grafen Siegfried I. von Luxemburg. Als Heiratsgut, welches sie persönlich materiell absichern sollte, schenkte er ihr sein vielgeliebtes Bamberg mit dessen wirtschaftlich nutzbaren Zubehör.

Kaiser Heinrich und Kaiserin Kunigunde als Stifter des Bamberger Doms, Hertnid Altar, St. Lorenzkirche Hof (Saale)

Kunigunde wurde wie ihr Mann schon vor ihrer Heiligsprechung im Jahre 1200 wie eine Heilige verehrt. Entsprechend gibt es viele Texte, die lange nach ihrem Leben geschrieben wurden und bei denen es zumeist schwer fällt, Legende von der überlieferten Realität zu unterscheiden. Die Heiligenliteratur hat schließlich vor allem ein Ziel: Die Heiligkeit der behandel-

Standbilder von Kaiser Heinrich und Kaiserin Kunigunde an der Adamspforte des Bamberger Doms

ten Person möglichst überzeugend darzustellen. Die Heiligenlegenden sind schriftlich und bildlich für Heinrich und Kunigunde in vielen Versionen überliefert. Eine Annäherung an Kunigunde als Person muss aber aus möglichst objektiven Quellen und deren Analyse erfolgen. Als Herzogin und später als Königin ist sie vor allem in den Urkunden Heinrichs II. als Fürsprecherin und Vermittlerin sowie als Ratgeberin und als sorgende Ehefrau eines Königs um die Memoria, also um die „Erinnerung" an Heinrich und sie selbst, zu greifen. Ingrid Baumgärtner hat betont, dass sich bei der Analyse der Urkunden und der Chronistik keine eigene Sicht und Wahrnehmung der Kaiserin entnehmen lässt. Das denkende und handelnde Individuum ist hier nicht erkennbar. Sicher war sie in die Politik ihres Mannes eingebunden. Sie vermittelte, intervenierte und handelte auch selbstständig. Offenbar war sie eine gute Diplomatin. Immer wenn es Probleme zwischen ihrer eigenen Familie und ihrem Mann gab, oder wenn die Fürsten des Reichs etwas von Heinrich II. wollten, war sie eine wichtige Ansprechpartnerin. Mehrfach war sie Stellvertreterin ihres Mannes in inneren und äußeren Angelegenheiten des Reichs und konnte politische Entscheidungen treffen. Kunigunde war ohne Zweifel eine wichtige Förderin der Kirche. Neben ihrer Rolle als Mitgründerin des Bistums Bamberg wird das auch an ihrer eigenen Klostergründung Kaufungen sichtbar, in welches sie nach Heinrichs Tod eintrat und in welchem sie 1033 starb.

Ihre Ehe mit Heinrich blieb kinderlos. Die spätere Heiligenliteratur hat daraus eine keusche, sexuell enthaltsame Ehe konstruiert, eine sogenannte Josephsehe. Für die Heiligsprechung Heinrichs II. 1146/47 war dies ein nicht unwichtiger Faktor. Stefan Weinfurter hat allerdings betont, dass Heinrich selbst in dieser Frage ein anderes Bild überlieferte: *„In einigen seiner Urkunden, die sich auf die Ausstattung Kunigundes beziehen, nennt er sie seine geliebteste Gattin, ‚mit der wir in göttlicher Verbindung ein Fleisch sind'. Was dies bedeutet, dürfte ihm nicht verborgen gewesen sein"*. Dennoch blieb die Ehe kinderlos, über die Gründe gibt es keine Nachricht. Es gab also keinen Sohn, keinen Erben des Herzogtums und des Königreichs. Heinrich und Kunigunde hatten in dieser Situation einen anderen Plan: Sie machten Gott zum Erben und gründeten das Bistum Bamberg. Bevor dies möglich war, musste Heinrich aber noch Nachfolger seines engen Verwandten Ottos III. als deutscher König werden.

Die Ergreifung der Königsherrschaft im Jahr 1002

Ende Januar 1002 starb Kaiser Otto III. auf der Burg Paterno bei Rom gerade einmal 21 Jahre alt an Malaria. Der verstorbene junge König hatte keine Kinder und hatte keine Anweisungen für den Fall seines Todes hinterlassen.

Als sich die Nachricht im Reich verbreitet hatte, machte sich sein Vetter, der bayerische Herzog Heinrich IV. von seiner Hauptstadt Regensburg aus auf den Weg nach Süden. Er wollte als erster Fürst des Reichs dem königlichen Leichenzug entgegen reiten. Ganz im Sinne seiner Ahnen, hatte er Ansprüche auf die

Nachfolge des kinderlosen jungen Königs, die es schnell durch Taten zu demonstrieren galt.

Nun gab es keinen eindeutigen Erben und Heinrich handelte. In Sichtweite der Alpen erwartete und traf er den Tross des über die Alpen geführten Leichnams Ottos III. im Kloster Polling südlich des Ammersees. Man hatte den toten Kaiser also offensichtlich über den Brenner und den Scharnitzpass in das Herzogtum Bayern gebracht und nicht über den weiter westlich gelegenen Reschenpass über Füssen an den Lech und damit in das Herzogtum Schwaben. Für Heinrich war dies günstig, konnte er doch so den Leichnam empfangen und die mitgeführten Reichsinsignien als Erbe entgegennehmen. Möglicherweise war Bischof Siegfried von Augsburg für die Wahl des Etappenortes verantwortlich gewesen, denn Polling gehörte zu seinem Bistum. Er war einer der Befürworter Heinrichs als Nachfolger Ottos III. In Polling versuchte Heinrich jedenfalls die Großen des Reichs, die den Leichenzug begleitet hatten, zu überreden, ihn zum Nachfolger zu erwählen. Wenig später ließ er die Eingeweide des Kaisers im Reichskloster St. Afra in Augsburg beisetzen. Die hochrangige Reisegesellschaft war jedoch offensichtlich nicht geschlossen auf seiner Seite: So hatte Erzbischof Heribert von Köln die wichtigste Reliquie unter den Reichskleinodien, die Heilige Lanze, bereits an sich gebracht und heimlich vorausgesandt. Er war offensichtlich auf der Seite eines der wichtigsten Thronkonkurrenten, Herzog Hermanns II. von Schwaben.

Heinrich ließ den Erzbischof kurzentschlossen in Haft setzen und erst wieder weiterziehen, als dieser seinen Bruder, Bischof Heinrich von Würzburg, als Bürgen stellte.

Doch der Weg zur Krone war noch weit: Erst am 7. Juni 1002 wurde er in Mainz zum König geweiht. Er hatte zahlreiche Gegner und einen Hauptkonkurrenten, den schon genannten Herzog Hermann II. von Schwaben. Dieser stammte aus der fränkischen Adelsfamilie der Konradiner, die mit Konrad I. von 911 bis 918 den ersten nachkarolingischen König des Ostfrankenreichs gestellt hatten.

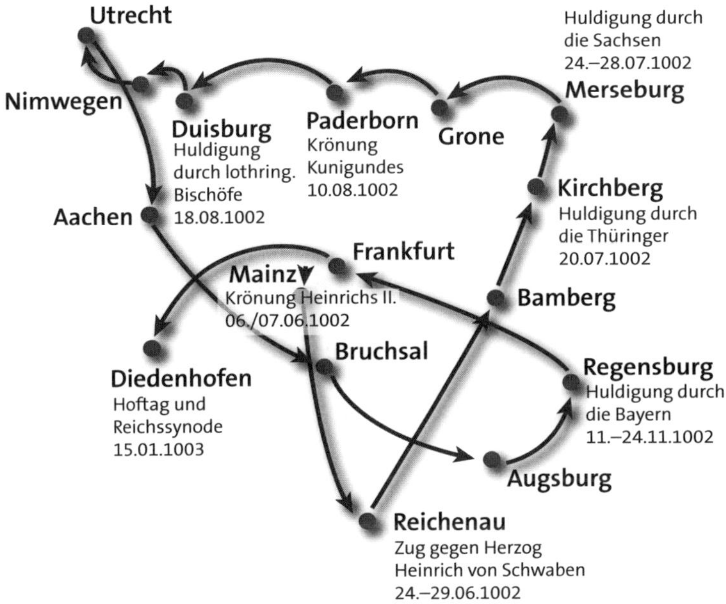

Die Stationen des Krönungsumrittes Heinrichs II. im Jahr 1002/03

Heinrichs Wahl gelang schließlich durch zahlreiche Versprechungen und Zusicherungen auf reiche Belohnung. Seine Befürworter fand er zum Teil im Reichsepiskopat, in seinem Herzogtum Bayern, aber auch in Sachsen, wo man ihn als Abkömmling der Ottonen schätzte. Daraufhin wählte ihn im Erzbischofssitz Mainz die Mehrheit der dort versammelten geistlichen und weltlichen Fürsten zum König. Erzbischof Willigis, der später auch für Bamberg wichtig werden sollte, krönte ihn. Der Mainzer Erzbischof war dafür zwar der richtige Mann, aber der Ort war ungewöhnlich: Eigentlich war die Karlsbasilika in Aachen und der Karlsthron der richtige Krönungsort.

Um seine Herrschaft auch in den Gebieten zu sichern, in denen er Gegner hatte, die sein Königtum nicht anerkennen wollten, unternahm er danach einen monatelangen Zug durch weite

Teile des Reichs, der von Mainz aus über Thüringen, Sachsen, Niederlothringen, Schwaben und Bayern nach Oberlothringen führte.

Am 1. Oktober 1002 unterwarf sich während dieses Königsumrittes auch sein schärfster Gegner Hermann II. von Schwaben, der den bayerischen Gefolgsleuten Heinrichs militärisch unterlegen war, in Bruchsal dem neuen König.

Am 10. August 1002 kam es im Rahmen des Königsumrittes zu einem zweiten Krönungsakt: In Paderborn weihte Erzbischof Willigis von Mainz auch Kunigunde zur Königin. 1014 wurde sie in Rom gemeinsam mit Heinrich II. zur Kaiserin gekrönt. Salbung und Krönung, wie sie Kunigunde erhielt, sind bei früheren römisch-deutschen Königinnen nicht nachweisbar. Dieser Vorgang zeigt also die Einbeziehung der Königin in das sakrale Herrschaftsverständnis des neuen Königs. Um dieses neue Herrschaftsverständnis zu manifestieren und dauerhaft sichtbar zu machen, wollte Heinrich in Bamberg ein neues Musterbistum formen, das zu einem besonderen Zentrum der Königsherrschaft werden sollte.

Heinrichs Herrschaft konzentrierte sich vor allem auf die Teile des Reichs in den Alpen und nördlich davon. Damit unterschied er sich von seinem Vorgänger Otto III., der nicht nur zur Kaiserkrönung nach Italien gekommen war, sondern zweimal auch mehrere Jahre in Italien verbrachte. Heinrichs drei Italienzüge hatten das Ziel des Erwerbs der Kaiserwürde und sollten seine Herrschaft über das nördliche Italien etablieren bzw. absichern. Im Nordosten des Reichs führte er mehrere Kriege gegen den polnischen Herzog Bołeslaw I. Chrobry (992–1025).

Heinrichs Regierungszeit brachte eine Intensivierung und Zentralisierung der Königsherrschaft, die eng mit den kirchlichen Führungskräften verbunden wurde. Die Kirche als Stütze des Königtums wurde durch zahlreiche Schenkungen und Privilegien gestärkt. Neben dem Bistum Bamberg, verdanken wir ihm auch zahlreiche neue Klöster und Stifte. Er gab der Kirche also viel, forderte dafür aber auch mehr: Der Königsdienst, das

„Servitium regis", wurde von ihm ständig beansprucht. Die Bischofssitze wurden bei seinen zahlreichen Besuchen zunehmend mit der Rolle von Königspfalzen belastet und mussten den großen Hofstaat, der mit dem König unterwegs war oder ihn auf seinen Reisen durch das Reich besuchte, versorgen.

Die Schweinfurter Fehde im Jahr 1003

Heinrichs Weg zur Krone im Jahr 1002 wurde von zahlreichen Unterstützern begleitet. Sie stammten zum großen Teil aus seiner bayerischen Heimat, auch einige fränkische Anhänger gehörten dazu. Unter ihnen war auch Heinrich, genannt Hezilo, der Markgraf im bayerischen Nordgau, Graf an der unteren Naab, Graf an der unteren Altmühl und seit 1002 im Radenzgau, der in der historischen Literatur meist als Heinrich von Schweinfurt bezeichnet wird. Seine Herrschaftspositionen reichten vom Gebiet im Osten Bambergs (Radenzgau) über die daran östlich und südlich anschließende Nordgaugrafschaft bis in die südliche Oberpfalz und das Altmühlgebiet.

Heinrich von Schweinfurt hatte sich als Lohn für seine Unterstützung erhofft, dass er nach der Thronbesteigung Heinrichs II. dessen bisheriges Herzogsamt in Bayern erhalten könne. Nach dem Bericht des Thietmar von Merseburg hatte ihm Heinrich dies auch versprochen.

Wenn er dieses Amt erhalten hätte, hätte seine Machtsphäre sich also vom nördlichen Franken über ganz Altbayern bis in den Ostalpenraum und nach Oberitalien erstreckt. Hätte er dann noch ein so königsgleiches Herrschaftsverständnis wie Heinrichs Vater Heinrich „der Zänker" an den Tag gelegt, wäre der Konflikt mit dem König schnell erfolgt. Dieser gab sein Herzogtum Bayern nicht an den Markgrafen, sondern an einen gänzlich Landfremden: An den Bruder seiner Frau Kunigunde, Heinrich von Luxemburg. Nach Thietmar von Merseburg begründete er seine Absage mit dem Recht der freien Herzogswahl der Bayern: *„Nun kann man sie nicht plötzlich zurücksetzen und das seit alters verbürgte Recht ohne ihre Zustimmung brechen"*.

Markgraf Hezilo sah sich getäuscht und organisierte im August 1003 in einem Bündnis mit dem polnischen Herzog Boleslaw Chrobry und mit Brun, dem jüngeren Bruder des Königs, einen Aufstand gegen den König. Hundert Jahre nach der „Babenberger Fehde“ kam es erneut zu einem blutigen und kriegerischen Konflikt in Franken und im Nordgau, den Thietmar von Merseburg ausführlich beschrieben hat. Der gesamte Machtraum des Markgrafen und zahlreiche seiner Burgen zwischen Schweinfurt, Kronach, Creußen, und Ammerthal bei Amberg wurden von Heinrich belagert und zum Teil zerstört. Der Markgraf floh zu Herzog Boleslaw Chrobry nach Böhmen. Erst 1004 unterwarf er sich, kam in Gefangenschaft, wurde jedoch später begnadigt und konnte den Großteil seines Besitzes wieder zurück erhalten. Heinrich hatte sein Herrschaftsideal durchgesetzt, auch in einem Raum, der 1007 zum Teil zum Diözesangebiet des Bistums Bamberg gehörte. Am Ende des blutigen Krieges und nach der Zerstörung der Eigengüter des Markgrafen kehrte König Heinrich II. zurück *„nach Bamberg wo er sein Heer entließ und das Geburtsfest der Gottesmutter in festlicher Freude beging. Von da begab er sich in den Forst Spessart, um sich dort durch das Vergnügen der Jagd von den Anstrengungen des Feldzuges zu erholen“* (Thietmar von Merseburg).

Das sakrale Herrschaftsverständnis Heinrichs II.

Das früheste erhaltene Bild Heinrichs II. ist im „Regensburger Sakramentar“ enthalten, das 1002 oder 1003 im Kloster St. Emmeram in Regensburg entstand.

Es zeigt wie der heilige Ulrich von Augsburg und der heilige Emmeram von Regensburg Heinrich vor den Thron Christi zur Krönung und Salbung führen. Dabei reicht der König bis in die Mandorla, in die Sphäre der Heiligkeit hinein. Darin thront Christus auf dem Weltenbogen und setzt ihm die Krone auf. Von oben überreichen zwei Engel dem neuen König zwei Herrscherinsignien: die Heilige Lanze und das Reichsschwert. In der lateinischen Umschrift steht: *„Siehe es wird gekrönt durch gött-*

liche Autorität und gesegnet der fromme Heinrich, emporgehoben zum Himmelsgewölbe seiner väterlichen Ahnen".

Stefan Weinfurter betont, dass Heinrich in diesem Bild in eine Parallele zu Moses gesetzt wird, dem nach dem Alten Testament die Hohepriester Aaron und Hur so lange die Arme gestützt haben, bis die Feinde Gottes besiegt waren. Moses bewahrte den Stab des Aaron, der Knospen trieb, auf Befehl Gottes bei der Bundeslade auf. Auf dem Krönungsbild ist daher die Heilige Lanze, die wichtigste Herrscherinsignie mit Knospen versehen. Sie enthielt einen Nagel vom Kreuz Christi und galt als Symbol für den Sieg des Gottessohnes. Um mit Christus unbesiegbar zu werden, erhält Heinrich die Lanze in die rechte Hand gelegt.

Christus krönt Heinrich II. (Regensburger Sakramentar von 1002 oder 1003)

Heinrichs Herrschaftsverständnis bezieht sich zum einen auf seine väterlichen Ahnen und deren Herrschaft, und zum anderen auf den alles überragenden göttlichen Auftrag. Heinrich sah sich also als Stellvertreter Gottes auf Erden, dem *„genauso wie Gott zu gehorchen war, denn Gott sprach durch ihn*" (Stefan Weinfurter).

Das sakrale Amtsverständnis wird auch in Heinrichs berühmten Perikopenbuch, einem der wertvollsten Bücher des Mittelalters, deutlich: Christus selbst krönt das von den Aposteln Petrus und Paulus herangeführte Herrscherpaar Heinrich und Kunigunde und verleiht ihnen die Kronen des ewigen Lebens. Eine Beischrift dazu mahnt eine gerechte Herrschaft als Vorbedingung an. Darunter stehen Figuren, die Insignien vorzeigen. In der Mitte die Roma, die Verleiherin der Kaiserwürde, mit einer Mauerkrone, darunter sechs weitere Gestalten, die Gaben für den König emporhalten.

Krönung Heinrichs II. und Kunigunde im Perikopenbuch (Bayerische Staatsbibliothek, fol. 202r)

Jüngstes Gericht aus dem Perikopenbuch (Bayerische Staatsbibliothek, fol. 202r)

Endzeiterwartung und Apokalypse – Das Reich als Haus Gottes

Als Stellvertreter Gottes auf Erden sah Heinrich II. sich und auch sein Volk dazu bestimmt, die Gebote Gottes einzuhalten. Dies erschien ihm umso wichtiger, da er – wie Stefan Weinfurter betont – glaubte, er lebe in der Zeit, in der das Ende der Welt und das Jüngste Gericht unmittelbar bevorstehen. Diese Vorstellung Heinrichs zeigt sich bis heute in einem einzigartigen Buch, das er vermutlich selbst in Auftrag gab, in der berühmten „Bamberger Apokalypse".

Am Ende der Welt steht nach der Vorstellung des Christentums das Jüngste Gericht. Es wird unter anderem in Heinrichs Perikopenbuch thematisiert und bildlich dargestellt. Oben in der Mitte sitzt der Gottessohn als Weltenrichter und hält ein gelbes Kreuz. Auf beiden Seiten wird ihm von Engeln und darunter von den Aposteln gehuldigt. In der unteren Hälfte zeigen zwei große Engel die Schriftrollen mit den Namen der Guten und der Bösen. Sie verkünden das Gottesurteil: Zur Rechten des Richters, Jesus Christus, stehen die Guten, die das ewige Leben erhalten, zu seiner Linken die Bösen, die in die Hölle müssen. Von Dämonen werden sie mit Haken und Ketten hinabgezogen in das Reich der Finsternis, wo der gefesselte Tod liegt.

Die Darstellung des Jüngsten Gerichtes im Perikopenbuch findet sich ganz ähnlich in der Bamberger Apokalypse wieder. Beide Bilder gemeinsam zeigen, wie wichtig und präsent Heinrich und Kunigunde die Vision vom Ende der Welt gewesen sein muss. Vor diesem Hintergrund der Endzeiterwartung, muss man die Pläne Heinrichs und Kunigundes zur Gründung eines Bistums in Bamberg sehen.

Ein weiteres großes Kunstwerk aus der Umgebung des königlichen Ehepaares veranschaulicht ebenfalls deren Gedankenwelt: Das „Basler Antependium", ein Altarvorsatz aus Gold, der

Heinrich und Kunigunde flehen zu Füßen Christi um Gnade (Basler Antependium)

von Heinrich II. dem Dom von Basel gestiftet wurde und welches heute im Musée de Cluny in Paris verwahrt wird.

Es zeigt in der Mitte Christus umgeben von zwei Säulen, die einen Rundbogen tragen. Nur wenn man genau hinsieht, erkennt man zwei Gestalten, die an seinen Füßen kauern: Es sind Heinrich und Kunigunde. die seine Gnade für ihr Leben nach dem Tod erflehen. Sie erhoffen beim Jüngsten Gericht als gute Menschen in das ewige Leben gehen zu können und erbitten dafür die Gebete der neben Christus dargestellten Heiligen: der Erzengel Michael, Gabriel und Raphael und des Benedikt von Nursia, des Begründers des abendländischen Mönchtums. Das Bildprogramm mit Erzengeln und Ordensgründer Benedikt ist ein Hinweis auf den oberhalb des Bamberger Dombergs liegenden Michelsberg, der auch Engelsberg (mons angelorum) genannt wurde. Hier gründete Heinrich II. einige Jahre nach der Bistumsgründung auch das Benediktinerkloster St. Michael. Die Regel des heiligen Benedikt als Ideal wurde von Heinrich II. als Herzog und als König in den Klöstern seines Herrschaftsgebiets gefördert. Vermutlich wurde das Basler Antependium ursprünglich für das Kloster Michelsberg gefertigt und später, ebenfalls von Heinrich, nach Basel umgewidmet.

DIE GRÜNDUNG DES BISTUMS BAMBERG

Der Plan des neuen Bistums

Zwischen 1002 und 1007 ließ König Heinrich II. in der Burg Bamberg, anstelle der bisherigen Burgkirche aus dem 10. Jahrhundert eine neue Kirche erbauen. Es war eine große Basilika mit zwei Chören und zwei Krypten. Wer den neuen großen Kirchenbau wachsen sah, dem musste klar sein, dass Heinrich und Kunigunde hier etwas Größeres als nur eine neue Burgkirche oder eine Klosterkirche entstehen ließen. An seinem Geburtstag, dem 6. Mai 1007, signierte er zwei Urkunden zugunsten der neuen Kirche, die der Gottesmutter Maria und dem Apostelfürsten Petrus geweiht worden war. In den Urkunden erhielt das Gotteshaus Besitz im Volkfeldgau und das bereits erwähnte Königsgut Hallstadt im Radenzgau. Mit der Schenkung war der Auftrag verbunden für Heinrichs und Kunigundes Seelenheil zu beten. Außerdem sollte ihr Gedächtnis und das der Amtsvorgänger und Vorfahren in Ewigkeit bewahrt werden.

Endzeiterwartung, die Hoffnung auf Gebete zugunsten seines, seiner Frau und seiner Vorfahren Seelenheil und das Interesse an seiner Erinnerung als christlicher Mensch und König bestimmten die Gründung des neuen Bistums. Bamberg sollte auch die königliche Grablege werden, an der man ewig für ihn und Kunigunde beten sollte. Da Heinrich und Kunigunde kinderlos waren und sich offenbar auch keine Hoffnungen auf Nachwuchs mehr machten, fehlten ihnen die Nachkommen, die die Erinnerung an sie und ihre Vorfahren als Vermächtnis und Verpflichtung übernehmen konnten. Daher, so Franz Machilek, *„waren Heinrich und Kunigunde darum bemüht, für das Gedenken selbst Sorge zu tragen. In der Gründung des Bistums sah Heinrich II. die beste Garantie für die Sicherung ihrer persönlichen Memoria und Heilszukunft. Um dieses Zieles wählte Heinrich Christus selbst zum Erben"*.

Die Geschichtswissenschaft geht heute davon aus, dass der Plan zur Bistumsgründung in Bamberg schon bald nach der Königskrönung am 7. Juni 1002 in Mainz entstand. Dies erklärt auch den frühen Beginn des Dombaus auf der Babenburg. Heinrich hielt sich zwischen 1002 und 1007 häufig in Bamberg auf.

Doch eine Kirche alleine reicht für ein Bistum noch nicht aus. Ein Bistum braucht zuallererst ein klar definiertes Diözesangebiet, innerhalb dessen der Bischof der ranghöchste Priester und der oberste Herr über das Kirchenrecht ist. Hier sind ihm alle Pfarreien und deren Filialkirchen untergeben. Wie bereits dargestellt, musste das Diözesangebiet der neuen Diözese erst aus einer anderen herausgelöst werden: Der größte Teil des Bistums Bamberg lag im alten Sprengel des Bistums Würzburg. Nur ganz im Nordosten, im Umland von Hof, ragte es darüber hinaus, in einen Raum, der um 1007 noch als „terra incognita" zwischen den Bistümern Würzburg, Naumburg und Regensburg lag. Hier auf der Hochfläche des Frankenwaldes gab es zu dieser Zeit noch kaum Siedlungen. Der Rest der neuen Diözese war aber schon lange besiedelt und wies zahlreiche bestehende Pfarrkirchen auf. Nicht nur die zahlreichen Kilianspatrozinien belegen dies. Der Diözesansprengel und die Kirchen mussten also alle vom Bistum Würzburg erworben werden. Dabei ging es einerseits um die Frage der Priestereinsetzung, aber auch um finanzielle Aspekte, nämlich vor allem um den Zehnt. Diese Abgabe, ursprünglich in Naturalien, war zunächst direkt an den örtlichen Pfarrer abzugeben, veränderte ihren Charakter aber während des Mittelalters stark.

Darüber hinaus benötigte eine Bistumsgründung aber auch weitere materielle Grundlagen, um überhaupt existieren zu können. Diese bestanden in erster Linie in weltlichem Landbesitz, auf dem der Bischof dann oberster Grundherr wurde. Vor allem der Bistumsgründer musste seinen Eigenbesitz – oder Teile davon – als Grundausstattung zu Verfügung stellen. Im Fall von Bamberg verzichtete zunächst Königin Kunigunde auf ihre eigene Altersverorgung, die Babenburg und das dazugehörende Umland. Es gibt keinen Hinweis darauf, dass Kunigunde die Gründung auf ihrem Eigengut nicht gutgeheißen hätte. Vielmehr muss man es als gemeinsames Ziel von Heinrich und Kunigunde ansehen. Die Prachthandschrift der Bamberger Apokalypse trägt deshalb auf dem Einband die Inschrift: „Heinrich und Kunigunde bringen dir diese Geschenke dar". Der Verzicht Kunigundes auf ihr Witwengut führte aber zu Streit mit ihrer eigenen Familie, die im Falle ihres Todes auch Erbansprüche hatte. Wie weit und wie groß die Besitzausstattung des neuen Bistums war, wird später noch ausführlicher dargestellt.

→ **Grundherrschaft**: Im Mittelalter war der größte Teil des besiedelten und genutzten Landes nicht das Eigentum der darauf wohnenden und es bewirtschaftenden Bauern. Die Verfügungsgewalt über den Boden lag vielmehr fast immer bei verschiedenen Grundherren (König, Fürst, Adliger, Ratsbürger, Bischof, Abt oder Pfarrer), die ihn zur Nutzung auf Zeit, Lebenszeit oder auf erbliche Weise an abhängige Bauern (Grundholden, Hintersassen, Hörige) zu bestimmten Bedingungen ausgaben. Die Grundholden mussten dafür Natural- oder Geldabgaben sowie Arbeitsleistungen für den Grundherren (Frondienste) leisten. Grundherren konnten einzelne Gehöfte, ganze Dörfer und Landstriche in ihrer Verfügungsgewalt haben. Vielerorts war die Grundherrschaft aber auch sehr zersplittert, was die rechtlichen Verhältnisse kompliziert machen konnte und Konfliktpotential in sich barg.

Wenn man nun ein Diözesangebiet und eine ausreichende Grundherrschaft organisiert hatte, brauchte man immer noch die kirchenrechtlichen Beschlüsse. Dafür war sowohl der Beschluss einer Kirchenversammlung (Synode) notwendig, wie auch das Einverständnis des Heiligen Stuhls. All dies brauchte Planung, Gespräche, Überzeugungsarbeit, Diplomatie und auch lockende Angebote.

Spätestens im Jahr 1006 dürfte der Plan eines Bistums in Bamberg im Umkreis des Königs, aber auch in Würzburg bekannt gewesen sein. Nun war das wichtigste Ziel, den Würzburger Bischof zur Abtretung eines Teils seines Bistumssprengels zu bewegen. Da Würzburg Teil der Erzdiözese Mainz war, musste aber auch der Mainzer Erzbischof zustimmen. Bischof Heinrich von Würzburg gehörte zu den alten Verbündeten des Königs und hatte schon seinen Aufstieg zur Krone unterstützt. Hier konnte man also eigentlich Entgegenkommen erwarten. Ziel des Königs war es also Erzbischof Willigis von Mainz, Bischof Heinrich von Würzburg und Papst Johannes XVIII. für seine Pläne zu gewinnen.

In der Argumentation für eine neues Bistum spielte auch eine Schwäche des Bistums Würzburg eine Rolle: Im Gebiet um und östlich von Bamberg lebten um das Jahr 1000 nicht nur Menschen die ostfränkisches Deutsch sprachen, sondern auch solche die Slawisch sprachen und der slawischen Kultur angehörten. Die Frage, ob diese Slawen christlich waren, ist sehr schwierig zu beantworten und in der Geschichtswissenschaft, der Archäologie und auch der Sprachwissenschaft heftig umstritten. Andererseits fußte Heinrichs Argumentation für die Bistumsgründung gerade in Bamberg auf der Notwendigkeit der Slawenmission.

Slawenmission als Gründungsmotiv

In der Geschichtswissenschaft war früher die Überzeugung weit verbreitet, dass die Intention der Slawenmission bei der Gründung des Bistums Bamberg für Heinrich II. eine wichtige Rolle spielte. Heinrich selbst hatte dieses Motiv auf der entscheidenden Synode am 1. November 1007 in Frankfurt am Main betont: Er wollte das Bistum errichten, *„damit das Heidentum der Slawen zerstört und das Gedächtnis des christlichen Namens dort dauerhaft in Ehren gehalten werde"*.

Unklar ist bei dieser Fomulierung aber, was Heinrich damit meinte. Slawische Bevölkerung in der Umgebung Bambergs oder die Slawen an sich? Dabei kann um 1000 herum gar keine Rede mehr von einem allgemeinen slawischen Heidentum gewesen sein: Heinrich selbst war mit seinem Vorgänger Otto III. in Gnesen gewesen, wo dieser das erste polnische Erzbistum gegründet und so die Grundlagen einer eigenständigen polnischen Landeskirche gelegt hatte. Auch die Bistumsgründung in Prag 973 durch den böhmischen Herzog Boleslav II. wurde bereits genannt. Auch hier wurde ein neues Bistum aus einem alten herausgeschnitten, nämlich aus dem Diözesangebiet des Bistums Regensburg. In der Slawenmission waren also schon lange andere Kräfte aktiv. Wie sah es aber in der direkten Umgebung Bambergs aus? Zunächst ist zu betonen, dass es in der Zeit um 1000 keine einheitliche slawische Bevölkerung und Herrschaft gab. In Kontakt mit dem entstehenden deutschen Reich standen vor allem westslawische Bevölkerungsgruppen und ihre Herrscher zwischen Ostsee und dem böhmisch-mährischen Raum. Für den Raum Mitteldeutschlands und auch für Franken waren besonders die Sorben als Siedler von Bedeutung, die noch heute in Unterschlesien im Freistaat Sachsen als sprachliche Minorität bestehen.

Seit dem 8. Jahrhundert gibt es Hinweise auf slawische Zuwanderung in den Raum des nordöstlichen Frankens und in den nördlichen bayerischen Nordgau, die heutige Oberpfalz. Karl der Große beauftragte deswegen um 800 das Bistum Würzburg, für diese slawische Bevölkerung an Main und Regnitz eigene Kirchen für die „Moinwinidi et Radanzwinidi" zu errichten. Damit waren die an den Flüssen Main und Regnitz lebenden Slawen gemeint, die von den Germanen als „Wenden" bezeichnet wurden. Im Umland Bambergs zeigen archäologische Funde und Ortsnamen deutlich das Nebeneinander von deutschsprachiger und slawischsprachiger Bevölkerung. Das Gebiet im Westen und Südwesten von Bamberg wurde in den frühmittelalterlichen Quellen sogar als Slawenland (terra sclavorum) bezeichnet. Besonders viele Ortsnamen slawischen Ursprungs sind am oberen Main und an dessen Nebenflüssen zu finden. Das Bamberger Umland war in der Zeit vor der Bistumsgründung vor allem im Nordosten demnach auch von zahlreichen Slawen bewohnt.

Die slawische Siedlung im östlichen Franken und in der Oberpfalz erfolgte – wie die germanische – in verschiedenen Phasen. Sie dauerte lange an und führte im 9. und 10. Jahrhundert zu einem Nebeneinander slawischsprachiger und deutschsprachiger Menschen. Bleibt noch die Frage, wie notwendig in diesem Land zweier Sprachen auch eine Mission im christlichen Sinn gewesen ist. Es ist natürlich durchaus möglich, dass sich in slawischen Siedlungen auch heidnische Glaubensvorstellungen bewahrt haben. Es ist aber schwer vorstellbar, dass die Slawen in dieser Region nicht der karolingischen und ottonischen Königsherrschaft unterstanden. Ob die Karolinger und Ottonen in der königlichen Zentrallandschaft um die Königspfalz Forchheim aber offen praktiziertes Heidentum geduldet hätten, ist eher zu bezweifeln. Sicher waren die Slawen im Raum Oberfrankens politisch der Hoheit des Königtums und seiner Vasallen unterworfen. Auch die Schweinfurter Markgrafen haben im späten 10. Jahrhundert bei ihrem Siedlungsausbau im Grenzraum zwischen Oberfranken und der Oberpfalz slawische Siedler angeworben. Die zeitgenössischen schriftlichen Quellen können die Frage nach den Glaubensvorstellungen der Slawen im Norden Bayerns nicht schlüssig beantworten: Der Würzburger Bischof Heinrich hatte auf einem gemeinsamen Ritt nach Bamberg mit seinem Halberstädter Amtsbruder Arnulf gesagt, die waldige, von Slawen bewohnte Gegend nütze ihm wenig. Daran erinnerte ihn Arnulf in einem Brief nach der Bamberger Bistumsgründung. Dies besagt jedoch nichts über ein eventuelles Heidentum der fränkischen Slawen.

Auch die Archäologen sind sich bei der Interpretation der bisherigen Funde, soweit man überhaupt slawische und germanische auseinanderhalten kann, nicht einig. Während es Aussagen gibt, dass die Grabfunde in Nordbayern noch heidnische Relikte (Grabbeigaben) zeigen, halten andere Archäologen das Motiv der Slawenmission bei der Bistumsgründung nur für ein Hilfsargument Heinrichs II. gegenüber dem Bischof von Würzburg.

Die Existenz von Menschen slawischer Sprache im Raum um Bamberg um 1000, vielleicht sogar ganzer Siedlungen und Siedlungskomplexe am Obermain bei Lichtenfels, muss nicht bedeuten, dass Heinrich II. gerade diese Slawen meinte, als er auf der Synode von Frankfurt im November 1007 seine Bistumsgründung auch mit dem Ziel der Zerstörung des Heidentums der Slawen verband. Angesichts der reichsweiten, ja geradezu europäischen Konzeption der Bistumsgründung, ist hier eine allgemeinere und weiter zielende Konzeption wahrscheinlicher: Slawenmission als langfristige und weit überregionale Aufgabe aus dem Herzen des Reichs heraus, welches mit der Gründung des Bistums Bamberg ein neues, starkes Zentrum erhalten sollte.

Verhandlungen mit Bischof Heinrich von Würzburg und die Pfingstsynode 1007

Thietmar von Merseburg berichtet, dass Heinrich II. *„den ihm sehr nahestehenden Bischof Heinrich von Würzburg immer wieder bat, er möge seinem Herzenswunsch zustimmen und ihm tauschweise den Erwerb der Pfarreirechte im Radenzgau gestatten“*. Der Großteil des späteren Bamberger Bistumssprengels deckt sich mit diesem frühmittelalterlichen Gebiet. *„Der Bischof ging bereitwillig auf die berechtigten Bitten seines lieben Herrn ein und stimmte zu unter der Bedingung, daß er zuvor seiner Kirche das Pallium verschaffen und ihm den Hirten von Bamberg unterordnen müsse. Dies bekräftigte er insgeheim durch Übergabe seines*

Stabes an den König gegen tauschweise Überlassung von Grundbesitz". Bischof Heinrich wollte also die Erhebung seines bislang der Erzdiözese Mainz untergeordneten Bistums zu einem Erzbistum erreichen, dem Bamberg dann als Suffraganbistum zugeordnet sein sollte. Offenbar lehnte Heinrich II. diesen Wunsch nicht grundsätzlich ab. Der Bischof war zur Abtretung der Pfarr- und Diözesanrechte im Osten des Volkfeldgaus, in dem Bamberg lag, und im Radenzgau bereit, wenn er im Gegenzug Grundbesitz erhalten würde.

Nun musste die Zustimmung des Mainzer Erzbischofs Willigis erreicht werden. Dies sollte an Pfingsten 1007 auf einer in Mainz abgehaltenen Reichssynode erreicht werden. Willigis verhinderte hier das Ausscheiden des Würzburger Sprengels aus seinem Erzbistum, und damit die Pläne Bischof Heinrichs von Würzburg zum Erzbischof aufzusteigen. Dem Bistumsplan und der damit verbundenen Tauschgeschäfte stimmte er jedoch zusammen mit 16 weiteren Erzbischöfen und Bischöfen zu.

Die Zustimmung des Papstes

Nun fehlte noch die Zustimmung des Heiligen Stuhls. Heinrich schickte eine Gesandtschaft nach Rom, die aus seinen Kaplänen (Hofpriester) Alberich und Ludwig bestand. Der Wunsch des Würzburger Bischofs nach Erhebung seines Bistums zur Erzdiözese dürfte von diesen bei Papst Johannes XVIII. noch angesprochen worden sein, doch dies spielte offenbar keine Rolle. Um die Bistumsgründung mit dem führenden Klerus zu beraten, berief der Papst im Juni 1007 nach Rom eine Synode ein. Im Abschlussdokument der Synode, einem päpstlichen Privileg, bestätigte Johannes das neue Bistum und verlieh ihm den päpstlichen Schutz: *„Dieses Bistum soll frei und sicher vor jeder auswärtigen Gewalt und allein dem römischen Schutz unterworfen sein, damit der Bischof umso besser mit seinen Kanonikern den Gottesdienst begehen und des ersten Erbauers und Wiederherstellers dieser Kirche gedenken könne. Jedoch soll derselbe Bischof seinem Metropoliten, dem Erzbischof von Mainz, untergeben und gehorsam* *sein*". Das Privileg, dem die Synode zugestimmt hatte, wurde allen Bischöfen Frankreichs und Deutschlands bekanntgegeben.

Die Synode von Frankfurt am 1. November 1007

Bischof Heinrich von Würzburg war durch diese Entwicklung schwer enttäuscht worden und wollte sich damit nicht abfinden. Er zog daher seine Zustimmung zur Abtretung seiner Diözesanrechte im Volkfeld- und Radenzgau zurück. König Heinrich II. musste handeln: Er berief zum Allerheiligenfest 1007 eine Reichssynode in die Königspfalz Frankfurt am Main ein. Zwei Quellen berichten uns ausführlich über das dortige Geschehen: Zum einen die Chronik des Thietmar von Merseburg, der selbst an der Synode teilnahm, und das im Staatsarchiv Bamberg als Original erhaltene Protokoll der Frankfurter Synode.

→ Bericht der Chronik des Thietmar von Merseburg über die **Synode von Frankfurt** am 1. November 1007 und die Gründung des Bistums Bamberg (gekürzt): „Nach Befriedung dieser Landschaften hielt der König zu Frankfurt ein allgemeines Konzil ab, das alle Bischöfe aus den Ländern nördlich der Alpen besuchten. Als er [Bischof Heinrich von Würzburg] aber erkannte, die Erzbischofswürde werde er keinesfalls erlangen können, verweigerte er die Einlösung seines Versprechens und lehnte es ab, der Ladung zum Konzil Folge zu leisten. Als nun dort alle Erzbischöfe und ihre Suffraganbischöfe versammelt waren, warf sich der König zu Boden; Bischof Willigis hob ihn wieder auf; dann sprach er vor ihnen allen: ‚Um der künftigen Wiedervergeltung willen habe ich Christus zu meinem Erben erwählt, denn auf Nachkommen kann ich nicht mehr hoffen. ... Schon immer trage ich mich mit dem Plane, zu Bamberg im Einverständnis mit meinem Bischof ein Bistum zu errichten, und heute will ich diesen berechtigten Wunsch verwirklichen. Deshalb erbitte ich jetzt von eurer aufrichtigen Ergebenheit Zustimmung dafür, daß die Abwesenheit eines Mannes, der von mir etwas verlangt, was ich ihm nicht zugestehen darf, meinen Plan nicht behindern soll'. ... Jedesmal, wenn der König während der Verhandlungen einen ausweichenden Rechtsspruch kommen sah, warf er sich demütig zu Boden. Als dann schließlich Erzbischof Willigis einen Beschluß beantragte, erklärte Tagino [Erzbischof von Magdeburg] als erster, die Angelegenheit lasse sich den Gesetzen nach den Darlegungen des Königs entsprechend durchführen. Daraufhin bestätigten und unterschrieben alle Anwesenden seine Erklärung; die Hirtensorge wurde vom Könige dem damaligen Kanzler Eberhard übertragen" (Thietmar von Merseburg, Chronik, Neu übertragen und erläutert von Werner Trillmich, Darmstadt 1957).

Der Bericht des Thietmar zeigt einen zugleich demütig und geschickt agierenden Heinrich II. Er nahm darin auch Bezug auf Kunigunde und ihr Witwengut Bamberg sowie auf seinen jüngeren Bruder Brun, was angesichts der Vorwürfe von Kunigundes Brüdern hinsichtlich ihres Vermögens ein kluger Schachzug war. Auch sein Bruder Brun, der als Bischof von Augsburg zwar nicht sein Nachfolger werden konnte, aber dennoch Erbansprüche am Hausgut der Herzogsdynastie hatte, wurde geschickt ins Spiel gebracht. Bischof Heinrich von Würzburg machte er das Angebot dessen Wünsche auf Entschädigung zu erfüllen. Aber auch die Würzburger Seite argumentierte geschickt mit der Warnung vor einem Präzedenzfall und dem Hinweis, dass es die Pflicht eines Bischofs sei, Schaden von seiner Diözese abzuwenden. Die Synode musste sich also entscheiden, ob das Recht der Bischöfe oder die Autorität des Königs Vorrang hatte. Wie die Bischöfe dachten, mag in einem Brief des Bischofs Arnulf von Halberstadt an Bischof Heinrich von Würzburg deutlich werden, der diesen mit dem Apostelwort zur Zustimmung bewegen sollte: *„Jede Seele ist einer höheren Herrschaft unterstellt. Es gibt freilich keine Herrschaft außer von Gott. Jede ist von Gott eingesetzt. Wer sich ihm entgegenstellt, wird dem Gericht verfallen sein!"*

Zwei Erzbischöfe scheinen auf der Synode ganz im Sinne Heinrichs II. gewirkt zu haben: Willigis von Mainz und Tagino

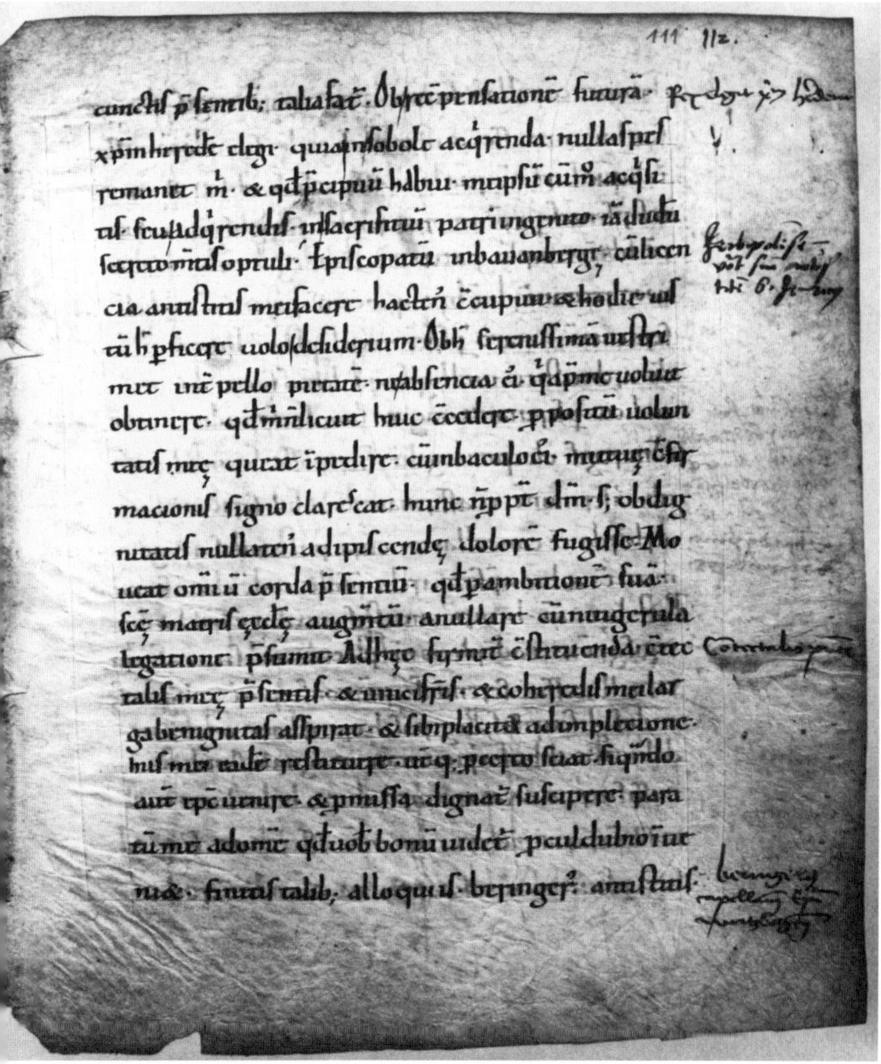

Die Chronik des Thietmar von Merseburg (fol. 112a) mit dem Beginn der Erzählung über die Synode von Frankfurt, Faksimile der Dresdner Handschrift

von Magdeburg. Als nämlich Willigis zur Beschlussfassung aufrief, verlas Tagino, ein enger Freund und Ratgeber des Königs, eine Erklärung, deren Text längst fertig in der Schublade lag und der bis auf einen, Erzbischof Heribert von Köln, alle 35 Teilnehmer der Synode zustimmten. Anschließend wurde das von zwei Notaren der Reichskanzlei Heinrichs II. ausformulierte Synodalprotokoll von allen zustimmenden Teilnehmern mit einem eigenhändigen Kreuz neben ihrem Namen signiert. Damit war die Gründung beschlossene Sache und Heinrich hatte sein Ziel erreicht, das es jetzt noch auszugestalten galt. Dazu benötigte er auch zahlreiches hochqualifiziertes und ihm treues Personal, allen voran einen Bischof.

DIE ORGANISATION DES BISTUMS

Der erste Bischof

Noch auf der Frankfurter Synode am 1. November 1007 bestimmte König Heinrich II. seinen Kanzler Eberhard zum ersten Bischof. Damit machte er einen seiner engsten Mitarbeiter im Machtapparat des Reichs zum Vorsteher seines neuen Bistums, das er als Musterbistum oder, wie Wilhelm Störmer betont, zum „Überbistum" machen wollte. Erzbischof Willigis spendete dem neuen Bischof noch am selben Tag die Bischofsweihe. Eberhard war als Kanzler für die rechtlichen und schriftlichen Äußerungen des Königtums verantwortlich. Auf ihn gehen wohl die meisten Urkundentexte des Königs zurück.

Eberhard, der erste Bischof von Bamberg (1007–1040), ist schwer zu charakterisieren. Über ihn gibt es keine zeitgenössische oder wenigstens aus dem Mittelalter stammende Lebensbeschreibung, die meistens den heiliggesprochenen Bischöfen oder aber den Kaisern und Königen vorbehalten war. Er steht ganz im Schatten des Bistumsgründerpaares Heinrich und Kunigunde. Nur ganz wenige zeitgenössische Aussagen sind bekannt: Der Hofkaplan Wipo, der eine Biografie Kaiser Konrads II., des Nachfolgers Heinrichs II., verfasste, sah in ihm einen *„durch seinen Verstand und Charakter dem Staat außerordentlich wertvol-*

len Mann“. Auch über seine Abstammung ist nichts Sicheres zu sagen. Dass er dem mächtigen Adel angehörte, gilt als dadurch erwiesen, dass Kaiser Heinrich II. selbst ihn in einer Urkunde als „nepos noster“, also als Vetter ansprach. Damit war aber sicher kein leiblicher Vetter im strengen Sinn gemeint. Noch heute wird im Adel das Wort Vetter weit umfassender auch für entfernte Verwandte gebraucht. So können wir diese Bezeichnung eher mit „Verwandter“ übersetzen und dies erlaubt einen sehr weiten Spielraum. Die Tatsache, dass Heinrich II. ihn zum Kanzler machte, spricht für seine Fähigkeiten und seine Ausbildung, aber auch für eine Königsnähe, denn ein Kanzler musste vor allem treu und verlässlich sein.

Siegel des Bamberger Bischofs Eberhard I. (1007–1040). Es zeigt den Bischof ohne Kopfbedeckung aber mit Krummstab in der rechten Hand und einem Buch im linken Arm (Staatsarchiv Bamberg).

Immerhin kennen wir einen Bruder Eberhards namens Chuno, mit dem er 1017 einen Gütertausch vornahm. Es wird vermutet, dass dieser mit einem Grafen Chunrad identisch ist, der 1024 Güter im Rangau (zwischen Ansbach und Fürth) an das Bistum Bamberg abgetreten hat. Die Grafen im Rangau waren möglicherweise die Vorfahren der Grafen von Abensberg, die von 1060 bis 1200 als Hochstiftsvögte des Bistums Bamberg fungierten und so eine wichtige und ausbaufähige weltliche Machtposition über lange Zeit im Bistum innehatten.

Als Kanzler Heinrichs II. wird Eberhard im Mai 1006 feststellbar. Zuvor hatte der Bruder des Königs, Brun, dieses Amt inne. Dieser hatte sich jedoch 1003 am Aufstand des Markgrafen Heinrich beteiligt. 1006 wurde er dennoch von seinem Bruder zum Bischof von Augsburg bestimmt. Vermutlich gehörte Eberhard schon vor 1006 zur königlichen Hofkapelle.

→ Bei der **Hofkapelle** handelte es sich nicht um ein kleines Kirchlein, wie es der heutige Sprachgebrauch erwarten ließe, sondern um die direkt dem König zugeordnete Klerikergemeinschaft, eben die Hofkapläne. Der Begriff geht zurück auf die Kleriker, die am Hof der merowingischen Frankenkönige die wichtigste Reichsreliquie, den Mantel (Kappa) des heiligen Martin hüteten. Die Hofkapläne gehörten zu den engsten Beratern des Königs, waren hoch gebildet. Zahlreiche Bischöfe waren vor ihrer Berufung in der Hofkapelle tätig. Der Leiter der Hofkapelle war der Kanzler, später der Erzkaplan, den man auch Erzkanzler nannte. In der Kanzlei wurden vor allem die Rechtsakte des Königtums in Urkunden umgesetzt. Zur Zeit Heinrichs gab es zwei Kanzler: einen für das ostfränkische Reich, einen für Italien. Eberhard nahm beide Ämter gleichzeitig war.

Eberhard blieb nach seiner Ernennung zum Bischof von Bamberg weiter Kanzler König Heinrichs II. Dies zeigt, dass der Leiter des neuen Bistums auch weiterhin eine zentrale Rolle für die Königsherrschaft spielen sollte. Die Zentralisierung von Königsherrschaft und Reichskirche, wie sie die Ottonen bereits praktiziert hatten, fand hier ihren konkreten Höhepunkt: Reichskirche und Königtum vereint an einem Ort unter der klaren Herrschaft eines Königs, aber in einer Teamsituation mit den verlässlichsten Unterstützern der Königsherrschaft. Eberhard war sicher die erste Wahl des neuen Königs gewesen.

Neben Heinrich und Kunigunde, war er wahrscheinlich auch eine treibende Kraft während der Planung des neuen Bistums gewesen. Als Kanzler gehörte er zum engsten Vertrautenkreis des Königs. In mehreren Urkunden des Königs steht sein Name auch als Intervenient, also als Anreger oder zumindest Befürworter einer politischen Handlung oder Besitzübertragung. Der erste Bischof des neuen Bistums, das er dann 33 Jahre lang leiten sollte, war also eine Person aus dem engsten Entscheidungsgremium im Machtzentrum des Reichs. Für ihn standen aber die Bistumsgründer, König Heinrich II. und Königin Kunigunde im Mittelpunkt, denen er auch nach seiner Erhebung zum Bischof ihres „Muster-“, ja „Überbistums“ treu diente.

Ein Jahr nach der Bistumsgründung wurden aber Eberhard seine zahlreichen Ämterverpflichtungen offenbar zu viel: Von seinem bisherigen Amt als Kanzler für das Frankenreich wurde er entbunden, behielt aber das Kanzleramt für Italien. Urkunden des Königs und späteren Kaisers wurden weiterhin von ihm bestätigt. Seit 1013 bis zum Tod Kaiser Heinrichs II. nahm er auch das einflussreiche Amt des Erzkanzlers wahr.

Das Wichtigste für ihn musste die Neuorganisation einer Diözese sein und der Aufbau eines Bistumssitzes, der mehr sein sollte, als das was man bisher darunter verstand. Der König sorgte für die Besitzausstattung, der Bischof musste einen Stab an motivierten und hochqualifizierten Klerikern zusammenstellen.

Das Bamberger Domkapitel

Ebenfalls am 1. November 1007 wird diese Gruppe aus hochqualifizierten Klerikern erstmals erwähnt, wenn auch noch keine einzelnen Namen genannt werden. In drei der insgesamt 27 Urkunden, die König Heinrich II. an diesem Tag in Frankfurt signierte, wird folgender Schenkungszweck angegeben: *„zum Unterhalt der Kanoniker die an eben dem genannten bischöflichen Stuhl gemeinschaftlich Gott dienen“*. Es handelte sich dabei um eine in Gemeinschaft lebende Bruderschaft von Klerikern, die nach einer kanonischen Regel lebten. Diese wurde von Heinrich mit eigenem Besitz ausgestattet, den sie auch selbst verwalten konnte. Das war ein Novum an den Bischofssitzen im ostfränkisch-deutschen Reich. Ihrer Gemeinschaft stand – spätestens 1014 – ein eigener Propst vor. Domkapitel und Dompropst, so nannte man später die Gemeinschaft und ihren Vorsteher. Die einzelnen Mitglieder wurden später Domherren genannt. Sie sollten im Bistum und Hochstift Bamberg über die Jahrhunderte eine wichtige Rolle spielen und sie bauten auch eine eigene Machtsphäre gegenüber dem Bischof auf. Wohl seit dem Wormser Konkordat 1122, gehörte vor allem die Wahl des Bischofs zu ihren Aufgaben. Das Domkapitel wurde so zum Träger der herrschaftlichen Kontinuität in Bistum und Hochstift.

1007 hatten die Mitglieder des Domkapitels, die Domkanoniker, die Aufgabe, aus den zahlreichen Einzelschenkungen ein Bistum zu formen. Sie mussten dort als Stellvertreter des Bischofs präsent werden und an den Orten, wo der Besitz über das Diözesangebiet hinausging, die Rechte des Bistums festhalten, für die Zukunft nutzbar machen und absichern. Dazu bedurfte es einer ganz auf die Ziele des Königs abgestimmten Personengruppe. Sie musste mit Heinrich II. und seinem Bischof eine Gemeinschaft bilden, die dieselben Interessen verfolgte. Auch dies war offensichtlich schon vor dem 1. November 1007 geplant gewesen. Sicher hatte der König in Kooperation mit seinem Kanzler die Personen bereits ausgewählt, Genaueres erfahren wir darüber aber leider nicht.

Siegel des Bamberger Domkapitels mit dem heiligen Georg. Die Mitglieder des Domkapitels führten das Georgssiegel bis ins 15. Jahrhundert und nannten sich St. Georgenbrüder (Staatsarchiv Bamberg).

Das Bamberger Domkapitel sollte offenbar eine Vorbildfunktion für andere Reichsbistümer haben, es wurde auch als „Idealtyp des deutschen Domkapitels" (Josef Siegwart) bezeichnet. Besonders wichtig war für diese Beurteilung die Regel, die den Kanonikern für ihr Zusammenleben auferlegt wurde. Offensichtlich hat Heinrich II. hier selbst nach Vorbildern gesucht und diese in Hildesheim gefunden, wo er als Kind ausgebildet worden war. Die Domkanoniker hatten als Patron den heiligen Georg gewählt, der als Drachentöter auch auf ihrem Siegel erscheint. Sie kamen täglich zum gemeinsamen Chorgebet zusammen und feierten Kapitelgottesdienste im Dom. Für die Erinnerung an die Bistumsgründer waren sie die wichtigste und eine dauerhafte Garantie. Für

Heinrich II. und Kunigunde wird dies sicher von zentraler Bedeutung bei der Gründung der Klerikergemeinschaft gewesen sein.

Jedem Kapitelmitglied stand eine Versorgung aus dem Stiftungsvermögen zu, die sogenannte Domherrenpfründe. Dafür mussten die Domkanoniker aber, neben ihren liturgischen Aufgaben, auch bei der Organisation und der Verwaltung der Diözese mitarbeiten.

Wie groß die Zahl der Domkanoniker bei der Gründung des Bistums war, ist nicht bekannt, im Laufe des 11. Jahrhunderts mehren sich aber die Informationen. Zunächst zeigt sich, dass das Bamberger Domkapitel offenbar schnell zur Eliteschmiede des Reichsepiskopates wurde: Der erste Dompropst Poppo wurde 1016 Erzbischof von Trier, sein Nachfolger Pilgrim 1021 zum Erzbischof von Mainz, der dritte bekannte Dompropst Luitpold erreichte in Köln das Erzbischofsamt, der vierte, Hatto, wurde Bischof in Trient. Dies zeigt, dass die Auswahl der Domkanoniker unter König Heinrich II. und Bischof Eberhard von Anfang an auf eine dem König ergebene Elite abzielte. Die Liste der Bamberger Domkanoniker, die später als Bischöfe im Reich tätig waren, ließe sich weiterführen.

Welche weiteren Ämter gab es im Domkapitel? Domkustos Gundekar war für den baulichen Unterhalt, die Ausstattung und den Schmuck des Doms zuständig und musste den Domschatz verwahren. Dekan Boso war für die innere Disziplin der Domkanoniker verantwortlich, Schulmeister Rokier war der Leiter der Schule des Domkapitels (Domschule). In der Rangfolge stand er nach dem Dompropst und dem Domdekan an dritter Stelle und war Vertreter des Domdekans. Neben dieser Führungsgruppe werden darüber hinaus Presbyter (Priester), Diakone und Subdiakone als Mitglieder des frühen Domkapitels genannt. 1059 können bei einer Diözesansynode in Bamberg zwölf Mitglieder des Domkapitels festgestellt werden.

Rudolf Schieffer hat die tragende Rolle des Domkapitels vor allem bei den hochrangigen Gottesdiensten in der Zeit nach der

Bistumsgründung hervorgehoben: Diese reichten *„von der Domweihe am 6. Mai 1012 über den gemeinsamen Besuch Papst Benedikts VIII. (reg. 1012-1024) und Kaiser Heinrichs II. zu Ostern 1020 sowie die Beisetzungen Heinrichs (1024), des ersten Bischofs Eberhard (1040) und des zum Papst Clemens II. aufgestiegenen zweiten Bischofs Suidger (1047) bis hin zum erneuten Papstbesuch, diesmal Leos IX., der zusammen mit Kaiser Heinrich III. am 18. Oktober 1052 erschien"*.

Wie schon erwähnt, standen jedem Domkanoniker bestimmte Einkünfte, die sogenannten Domherrenpfründen zu. Wie sich diese in der Gründungszeit gestalteten, ist aber nicht überliefert. Im späten Mittelalter und der Frühen Neuzeit waren die Dompfründen aber so gut ausgestattet, dass sie den adligen Domherren einen standesgemäßen Lebensstil ermöglichten.

Mehr wissen wir über die Gründungsausstattung des Domkapitels an sich: Heinrich II. hatte ihnen einen gesonderten Stiftungsbesitz gewidmet. Bekannt ist hier der Besitz des Domkapitels in Fürth, aber auch an anderen Orten innerhalb und außerhalb des Bistums waren Schenkungen erfolgt.

Das Diözesangebiet

Hatte der König nun also mit der Gründung eines wegweisenden Domkapitels auch die personelle Grundlage für das Funktionieren des Bistums gelegt, so war als nächstes die Organisation des Diözesangebietes eine zentrale Aufgabe. Dieses galt es zunächst einmal genau festzustellen, im Inneren kennenzulernen und zu strukturieren, etwa durch neue Pfarreigründungen.

Das Bistumsgebiet hatte Heinrich II. durch Tausch mit Bischof Heinrich von Würzburg erhalten können. Er hatte dabei geistliche Rechte gegen weltliche Rechte getauscht: Würzburg verzichtete auf die Bischofsrechte (Pfarrereinsetzung, geistliche Gerichtsbarkeit u.a.) im Radenzgau und in kleinen Teilen des Volkfeldgaus und erhielt dafür Grundbesitz im Umfang von 150 Hufen in der Umgebung von Meiningen im heutigen Thüringen. Sofern das Bistum Würzburg innerhalb des neuen Bamber-

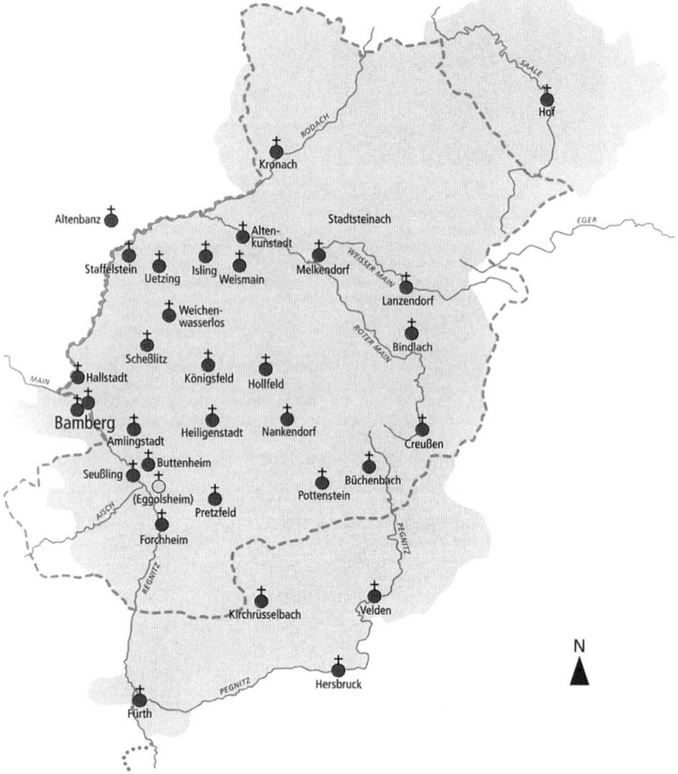

Karte der Diözese Bamberg und ihrer frühen Pfarreistruktur

ger Sprengels aber Grundbesitz hatte, wurde dieser durch die Bistumsgründung nicht angetastet. Genauso wurde Bamberg innerhalb des Würzburger Sprengels mit königlichem Grundbesitz beschenkt. Geistlicher und weltlicher Besitz waren zweierlei Sache, doch konnten sich aus der Vermischung in den folgenden Jahrhunderten zahlreiche Probleme ergeben.

Wo genau lag also der Bistumssprengel Bambergs im Jahr 1007? Zunächst zeigt ein Blick auf die Karte, dass Bamberg ganz am westlichen Rand des neuen Bistums lag. In seiner direkten Umgebung westlich der Bischofsstadt, im Steigerwald, war die Bistumsgrenze zum Bistum Würzburg ziemlich ausgefranst, da es hier um einzelne Pfarrsprengel ging, von denen der eine in der Würzburger Diözese blieb, der andere zu Bamberg kam. In diesem Bereich lag die Diözese im Volkfeldgau, der bis an die Regnitz reichte und Bamberg einschloss. Gehen wir von Bamberg aus nach Norden: Bei Viereth lief die Grenze in den Main, der nun flussaufwärts in Richtung Norden vorbei an Hallstadt, Staffelstein, Lichtenfels bis zum Einfluss der Rodach bei Redwitz die Grenze bildete. Nun verließ die Bistumsgrenze das Maintal und folgte der Rodach bis kurz vor Kronach, wo sie nach Nordwesten auf die Höhen ging und entlang der heutigen bayerisch-thüringischen Grenze nach Norden weiter führte. In der Nähe von Tettau wendete sie sich dann entlang der Kammlinie des Frankenwaldes, wo sie nun an das Erzbistum Mainz grenzte, nach Osten. In Blankenstein erreichte und durchquerte sie das Saaletal. Hier grenzte das Bistum an die Diözese Naumburg und erstreckte sich von hier aus in einem weiten Bogen rund um das spätere Hof durch das Vogtland und den Rand des Egerlandes. Dieses gehörte bereits zur Diözese Regensburg. Die östlichen Abhänge des Fichtelgebirges bildeten ebenfalls die Grenze zu diesem Bistum, von wo aus die Grenze weiter nach Süden, östlich an Creußen vorbei, lief. Etwas südlich von Creußen erreichte sie die Grenze des Bistums Eichstätt und folgte dieser nach Südwesten in Richtung Pegnitz. Von hier aus verlief sie durch die Fränkische Schweiz nach Westen an das Trubachtal, über Thuisbrunn zur Schwabach. Diesem Flüsschen folgte die Grenze dann bis nach Erlangen, wo sie die Regnitz überquerte, in den Steigerwald hineinlief und nach Nordwesten über die Aisch in Richtung Bamberg weiterführte.

Das Bistum umfasste damit sehr unterschiedliche Naturräume: die altbesiedelten, fruchtbaren Flusstäler von Regnitz, Aisch und Main zwischen der Gegend um Fürth über Forchheim, Bamberg bis Staffelstein und Kronach. Daran schloss sich in Richtung Osten eine Mittelgebirgszone an, die man heute Fränkische Schweiz nennt. Auch diese war bereits teilweise besiedelt. Besonders im Wiesenttal, im Osten von Forchheim (Pretzfeld, Ebermannstadt), war dies der Fall, aber auch auf den Hochflächen nördlich davon zeugt der Königshof Königsfeld von bereits karolingerzeitlicher königlicher Präsenz. Ein Blick auf die Karte des frühen Bistums (S. 73) zeigt, wo die ältesten Pfarrkirchen lagen, die man oft als Urpfarreien bezeichnet hat. Dabei fällt auf, dass der große Raum zwischen den Flüssen Rodach, dem weißen Main und der nord-östlichen Bistumsgrenze, keine frühen Pfarrkirchen aufweist. Dieser Raum war in den Hochlagen des Frankenwaldes noch bis in das 13. Jahrhundert kaum besiedelt, in den tieferen Lagen gab es hier aber sehr wohl Siedlungen: Nämlich die von slawisch-sorbisch sprechenden Menschen. Erst nach und nach wurde diese periphere Region von jüngerer Siedlung und von der Pfarreiorganisation des Bistums erfasst. Ob dabei eine regelrechte Slawenmission betrieben wurde ist eher unwahrscheinlich, denn es gibt darüber keinerlei Nachrichten.

Neun Jahre nach der Bistumsgründung, im Jahr 1016, wurde das Diözesangebiet nochmals vergrößert: nach Süden bis zur Pegnitz und im Osten etwas darüber hinaus in die heutige Oberpfalz hinein. Damit kamen die südliche Fränkische Schweiz, die Gegend um Fürth und das im 11. Jahrhundert entstehende Nürnberg zum Bistum. Durch diese spätere Reichsstadt verlief als Bistumsgrenze die Pegnitz, auch als sich die Stadt von Norden über den Fluss hinaus nach Süden in das Bistum Eichstätt ausgedehnt hatte.

Die Besitzausstattung: Versorgung und Machtbasen

Kaiser Heinrich II. war der Herrscher, der im östlichen Franken, im Herzogtum Bayern und auch im Ostalpenraum große Veränderungen im regionalen Machtgefüge hervorrief. Diese wirkten jahrhundertelang nach und sind zum Teil bis heute von Bedeutung. Das zentrale Ereignis mitten in diesen Veränderungen war die Gründung des Bistums Bamberg im Jahr 1007. Drei Haupthandlungen bestimmten Heinrichs Veränderungen im

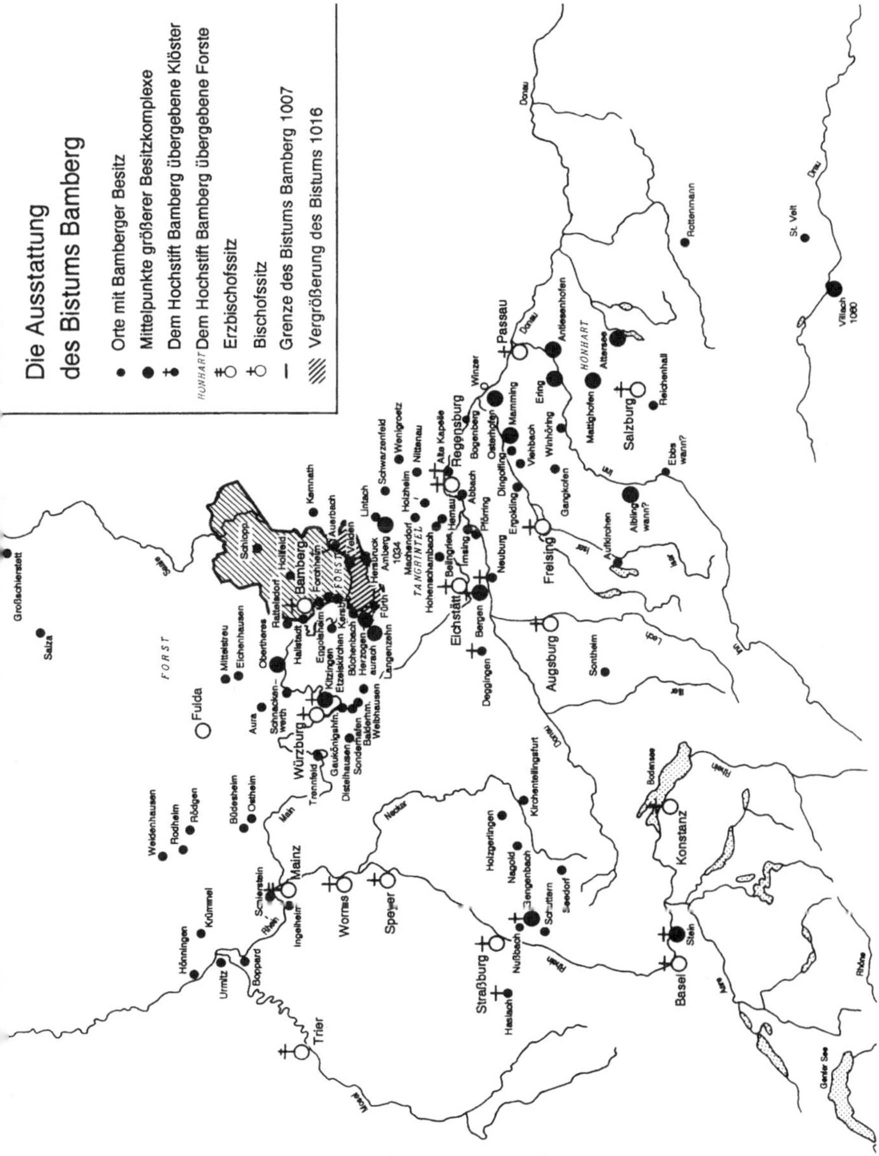

Karte der Ausstattung des Bistums (Wilhelm Störmer)

Süden des Reichs. Erstens: Die Verdrängung der Adelsmacht der Babenberger aus dem noch in der Karolingerzeit so königsnahen nördlichen Franken und aus dem bayerischen Nordgau. Zweitens: Die Gründung des Bistums Bamberg als dem Königsdienst unterworfenes „Überbistum". Und drittens: Die Schwächung der Machtbasen des Herzogtums Bayern.

Alle diese drei Ziele hängen eng miteinander zusammen. Die „Gottesstadt" Bamberg sollte als Bischofssitz auch ein neues politisches Zentrum in Franken werden. Hier sollte der Schwerpunkt ihrer Herrschaft sein und hier sollte man Heinrich und Kunigunde nach ihrem Tod gedenken.

Um dies zu ermöglichen, musste Bamberg allerdings zunächst einmal mit entsprechenden Grundlagen versorgt werden. Diese lagen, neben der Zuweisung eines Diözesangebietes auf Kosten Würzburgs und später 1016 Eichstätts, auch in einer immensen Ausstattung mit weltlichem Eigentum in der näheren Umgebung, also im Osten Frankens und im bayerischen Nordgau, aber auch in der Ferne, vor allem im Herzogtum Bayern und weit darüber hinaus: Die Besitzausstattung des neuen Bistums hatte europäische Dimensionen. Wilhelm Störmer hat betont, dass Heinrich II. „mit der Gründung seines ‚Überbistums Bamberg', das nicht nur sitzmäßig offensichtlich tief in die bayerische Kirchenlandschaft eingriff" ein Modell für die Nutzbarmachung der Reichskirche schuf: *„Einerseits reichten die großzügigen Schenkungen an Bamberg außerordentlich weit über das eigentliche Bistum hinaus, andererseits verlangte er von diesem Bischof, daß er in fast allen Bereichen dem König zur Verfügung stand"*. Der Bischof musste seinen Bischofssitz und seine Außenbesitzungen für die Besuche des Königs offenhalten (Pfalzgastung), er musste ihn bei wichtigen Anlässen im Reich und Italien begleiten (Hoffahrt). Seine Domschule musste die Elite des Reichs ausbilden und hinnehmen, wenn diese Bamberg wieder verließ. Bamberg wurde also auch zu einem „Dienstleistungsbetrieb" des Königtums (Wilhelm Störmer).

Der Aufenthalt eines Königs und seines Gefolges in einer Pfalz oder in einem als Pfalz genutzten Bischofssitz bedeutete für den Verwalter der Pfalz einen enormen logistischen Aufwand. Ein Bericht des sogenannten „Annalista Saxo“ zeigt uns, was der königliche Hofstaat im 10. Jahrhundert pro Tag benötigte: *„1000 Schweine und Schafe, zehn Fuder (Hohlmaß: ca. 800 l) Wein, zehn Fuder Bier, 1000 Malter (Getreidehohlmaß: 100–200 kg) Getreide, acht Rinder, Hühner, Spanferkel, Fische, Eier, Gemüse und vieles mehr“*. Auch wenn diese Angaben vielleicht übertrieben sind, so zeigen uns Schätzungen, dass zwischen 300 und 1.000 Personen bei einer Zusammenkunft oder einem Hoftag versorgt werden mussten. Dies bedeutete, dass zu einer Pfalz immer auch eine große Grundherrschaft gehören musste, die sowohl die Vielfalt wie die Menge der Bedürfnisse zu decken in der Lage war.

In einer großangelegten Aktion wurden am Tag der Bistumsgründung, dem 1. November 1007, wichtige Komplexe des Königsguts in Franken und Bayern sowie des herzoglichen Amtsgutes seines eigenen bayerischen Herzogtums der neuen Bischofskirche übertragen. Auch die bislang immer königsnahen fränkischen Bistümer wurden nicht geschont, sondern mussten Besitz- und Rechtseinbußen hinnehmen. Am 1. November 1007 wurden in der königlichen Kanzlei König Heinrichs II. über 60 Einzelurkunden für das neue Bistum Bamberg ausgestellt, signiert und besiegelt.

Betrachten wir dazu die Karte der Besitzausstattung: Zunächst zeigt sich, dass der Besitz weit verstreut lag und nur in bestimmten Räumen eine höhere Dichte aufwies. Er reichte vom Dorf Großschierstett nördlich des Harzes als nördlichstem Besitz bis Villach in Kärnten als südlichstem. Im Südwesten waren die Abteien Stein am Rhein und Haslach im Elsass die am weitesten entfernten Punkte. In der Nähe des Rheintals lagen außerdem Besitztümer im Schwarzwald (Abtei Gengenbach) und in der Nähe der Moselmündung. Besonders auffällig ist der breite Streifen dichterer Besitztümer südöstlich des Bistums im Norden und Osten des Herzogtums Bayern bis weit in die Ostalpen hinein (Rottenmann in der Steiermark). Das Zentrum des Besitzes war, wenn auch nicht geographisch, die Babenburg und ihr Umland. Dazu kamen in der direkten Umgebung zahlreiche alte Königshöfe und Königspfalzen im Rangau, Volksfeld- und Radenzgau: Hallstadt, Forchheim, Langenzenn, Herzogenaurach, Büchenbach, Fürth, alle jeweils mit zum Teil umfangreichem zugehörigen Besitz im jeweiligen Umland. Das neue Bistum erhielt auch die ehemaligen Reichslehen der Markgrafen von Schweinfurt: also Amberg, Hersbruck, Rötz-Schwarzenfeld, Beilngries und Schlopp. Im Bereich des Bistums Würzburg lagen größere Besitztümer in Obertheres und südlich des Maindreiecks. Ganz nah an Würzburg schenkte Heinrich die königliche Abtei Kitzingen. Im altbayerischen Raum kamen vor allem der große Reichsforst Tangrintel (nördlich der Donau im Westen von Regensburg), die Alte Kapelle in Regensburg (Zentralkirche des Herzogtums mit zugehöriger Besitzausstattung im Regensburger Raum und in der Oberpfalz) und weitläufige Landkomplexe an Isar, Donau und Inn hinzu.

Veränderung Bayerns und Frankens

Besonders interessant ist die Präsenz des Bistums im Umkreis der Hauptstadt des Herzogtums, Regensburg: Hier wurde das Bistum Bamberg so stark begütert, dass es neben der Alten Kapelle und deren ebenfalls großer Besitzausstattung, im beginnenden 12. Jahrhundert unter Bischof Otto I. eine neues Kloster in Prüfening vor den Toren der Stadt gründen konnte. Besonders wichtig waren die großen, ehemals herzoglich-bayerischen Besitztümer, die die Machtbasis der zukünftigen bayerischen Herzöge entscheidend schmälerten: War schon die Alte Kapelle ein großer Verlust für die Herzogsmacht in und weit um Regensburg, so gingen auch noch wichtige Herzogshöfe wie Osterhofen und Dingolfing an Bamberg, jeweils als große Besitzkomplexe. Am Inn wurde Bamberg mit dem am Ausgang der wichtigen Nord-Süd-Verbindung über die Alpen liegendem Herzogs- und Königshof in Bad Aibling beschenkt. Weitere be-

Alte Kapelle Regensburg

deutende Besitzkomplexe lagen in diesem Raum bei Ering, Antiesenhofen, Mattighofen und am Attersee, bereits im heutigen Oberösterreich, das damals noch zum Herzogtum Bayern gehörte. Für die zukünftigen bayerischen Herzöge war dies klar ein Verlust an zentralen Positionen. Besonders schwach wurde die Herzogsmacht ausgerechnet in der Hauptstadt Regensburg.

Diese wurde in Zukunft mehr und mehr von ihrem jeweiligen Bischof regiert. Die ehemals herzogliche Pfalzkirche, die „Alte Kapelle“, war nun eine bambergische Enklave mitten in der entstehenden Reichsstadt. Besonders die frühen wittelsbachischen Herzöge des 12. und 13. Jahrhunderts brauchten lange, bis sie in Regensburg auch Einfluss erlangten.

Die weiteren Besitzungen, die nun an das neue Bistum übergeben wurden, waren über den gesamten Süden des damaligen deutschen Reichs verstreut. Sie reichten vom südlichen Kärnten über Schwaben, die Rheinlande bis nach Thüringen und Sachsen. Besonders in Kärnten entwickelte sich um Villach und im Lavanttal eine regelrechte exterritoriale Landesherrschaft. Zehn Reichsabteien verloren wegen des neuen Bistums ihre Selbstständigkeit. Auch noch nach 1007 sollte kaum ein Jahr vergehen, in dem Heinrich dem Bistum nicht neue Schenkungen vermachte.

Über Jahrhunderte war das Bistum Bamberg an zahlreichen dieser Orte in Mitteleuropa auch weiterhin präsent. Von manchem Fernbesitz trennte man sich auch wieder, besonders wenn es sich nur um kleineren Streubesitz handelte.

Bamberg, das „Überbistum“. hatte durch Heinrich II. eine enorme Besitzausstattung erhalten. Dennoch hatte dieses Bistum auch mit Schwierigkeiten zu kämpfen. Zunächst war da die ökonomische Last der häufigen Königs- und Kaiseraufenthalte: Heinrich II. selbst hielt sich nicht weniger als 24 Mal in Bamberg auf. Doch es gab auch Probleme innerhalb der eigentlichen Bistumsaufgaben, die Wilhelm Störmer benannt hat. 1059 werden diese bei einer Bistumssynode zur Sprache gebracht: *„Hier wird das Volk der Diözese – vielleicht etwas übertreibend – noch als weitgehend heidnisch angesprochen. Es verweigere sich der christlichen Religion, der Taufe, den kanonischen Vorschriften und der Zehntleistung in den Kirchenbezirken. Die Synode beschließt für Verweigerer Zwangstaufe und für Gebannte und Zehntverweigerer Verlust ihrer Güter. Da der Synodalbericht auch der letzte Hinweis auf diese Probleme ist, scheint der Beschluß einigermaßen erfolgreich gewesen zu sein“.*

EINE BISCHOFSKIRCHE UND IHRE SCHÄTZE

Der Heinrichsdom

Zur Erinnerung: Heinrich II. hatte schon vor der Bistumsgründung 1007 mit dem Neubau des zukünftigen Doms beginnen lassen. Er entstand als direkter Nachfolgebau der bisherigen Burgkirche aus dem 10. Jahrhundert. Auch diese war mit 13 Metern Breite und mindestens 20 Metern Länge bereits von einer ansehnlichen Größe gewesen. Sie wurde aber nahezu komplett abgerissen, stellenweise bis in die Fundamente. Was nun gebaut wurde, war eine große dreischiffige Basilika mit Querhaus im Westen, zwei Chören und zwei Krypten. Dieser erste Dom, der Heinrichsdom, steht heute nicht mehr, hier brannte es zweimal: 1081 und 1185. Nach dem ersten Brand wurde er nur unwesentlich verändert, nach dem zweiten aber war ein weitgehender Neubau nötig: der heutige Bamberger Dom. Er nahm zwar die Grundform des Heinrichsdoms auf, wurde aber deutlich länger und etwas breiter.

Um den Heinrichsdom zu erbauen, waren erhebliche Erdbewegungen nötig, denn man musste eine ebene Fläche für die Fundamente schaffen. Dann wurde der Dom aus Sandsteinquadern errichtet, die aus regionalen Steinbrüchen hierher transportiert werden mussten.

„Wer zu Beginn des zweiten Jahrtausends ein neues Bistum errichten wollte, durfte sich nicht mehr mit dem bloßen Bau einer Kathedrale begnügen“, stellt Bernd Schneidmüller fest. *„Die Menschen entdeckten optische Wirksamkeit des Baugefüges, die Möglichkeiten von Variationen und Wechsel“*. So ließ Heinrich seinen neuen Dom bauen: Er begann nicht einfach an einer Seite und endete im Chorraum, sondern er bot mit zwei Chorapsiden in Ost- und Westrichtung vielfältige Perspektiven und Möglichkeiten der Ausrichtung des Gottesdienstes. Das Langhaus wurde an den Seiten durch Arkaden mit einem Wechsel aus Stützen und Säulen gestaltet. Dies war zu dieser Zeit höchst modern.

Der Quadratur des Dombaus liegt die biblische Zahlensymbolik zugrunde.

Dem Dombau lag ein Längenmaß zugrunde, von dem alle anderen Maße abgeleitet wurden. Das Zentrum des Doms, die Vierung, bildet ein Quadrat. An dieses schließen sich an allen Seiten weitere, gleich große Quadrate an. Sie bilden nach Osten das Langhaus, nach Süden und Norden das Querhaus und nach Westen den Raum des Westchores. Die beiden Seitenschiffe sind exakt halb so breit. Man kann die Anzahl der insgesamt zwölf Quadrate im Sinne der biblischen Zahlensymbolik deuten: Eins ist das Symbol der ungeteilten Einheit als Quelle und Wurzel aller übrigen Zahlen und zugleich Bild Gottes, die Zwei könnte für die beiden Tafeln Moses stehen oder für das Alte und Neue Testament. Drei, die Zahl der Vollkommenheit, steht für die Heilige Dreifaltigkeit Gottes: Vater, Sohn und Heiliger Geist. Vier ist die traditionelle Zahl des irdischen Universums, der vier Elemente; die Fünf ist die Zahl der fünf Bücher Mose, aber auch der fünf Brote, die Christus zur Speisung der 4.000 Menschen verwendete. Die Sieben vereint die Zahlen Drei und Vier, also Gott und die Welt. Die Acht ist die Zahl der Taufe, daher sind die Taufkirchen, wie die Bamberger Andreaskapelle, oft achteckig erbaut worden. Die Neun ist die

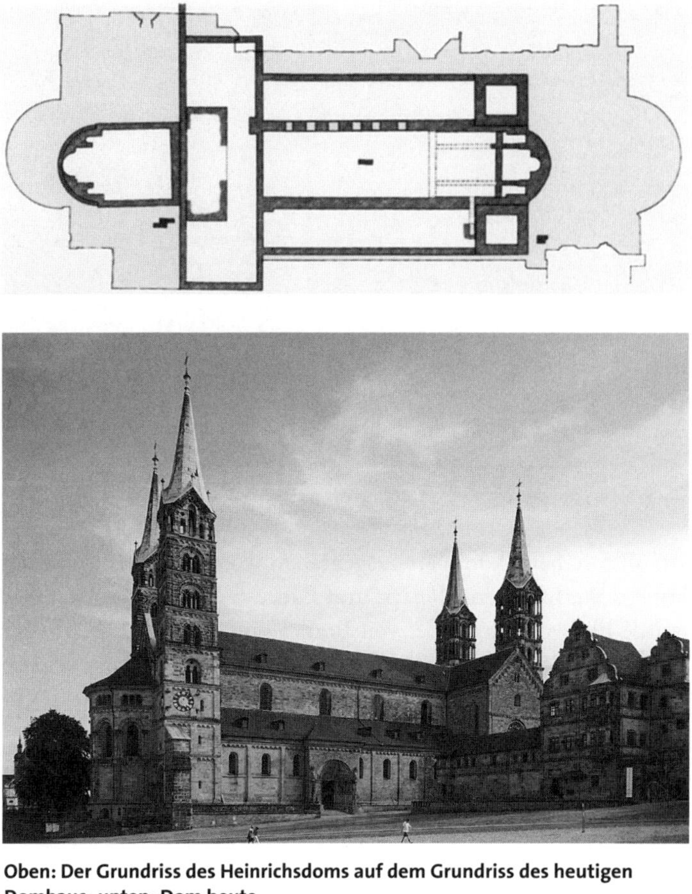

Oben: Der Grundriss des Heinrichsdoms auf dem Grundriss des heutigen Dombaus; unten: Dom heute

Zahl der Engelschöre, die Zehn gemahnt an die Gebote Gottes, die Elf dagegen an die Sünde. Am Ende steht die Zahl Zwölf, die als Leitmotiv der Bibel gesehen werden muss: zwölf Stämme Israels, zwölf Propheten, zwölf Apostel. Sie ist auch das Symbol der universalen Kirche.

Wer sich heute noch ein Bild von den Bauformen des ersten Doms machen will, der muss in die Westkrypta hinabsteigen, die

Die Westkrypta des Bamberger Domes als moderne Bischofsgruft

1994/95 nahezu komplett ausgegraben worden ist. In Einbeziehung der erhaltenen Mauern und Baureste des Heinrichsdomes wurde hier von Alexander von Branca eine neue Ruhestätte der Bamberger Erzbischöfe ausgeführt. Die dreischiffige Krypta hatte ein breites Mittelschiff und schmale Seitenschiffe und eine direkt unter dem Westchor des Doms liegende Apsis. Noch sichtbar sind die Außenmauern mit den jeweils fünf rundbogigen Fenstern und wenige Säulenbasen und –stümpfe. Die Baugestaltung wirkt sehr schlicht, doch die Größe der Krypta ist beeindruckend, die erzeugte Stimmung zu stiller Andacht einladend.

Heiligenreliquien für die Altäre des Doms

Als Kirchenstifter musste Heinrich II. aber nicht nur die Rechts- und Besitzgrundlagen des Bistums sicherstellen, den Dombau finanzieren und das notwendige hochqualifizierte Personal finden, sondern er musste sich auch um die gesamte Ausstattung der Kirche kümmern. Das wichtigste dabei waren die Reliquien von Heiligen. Jeder Altar musste Heiligenreliquien enthalten, sie boten eine direkte Nähe zum Heiligen, der bereits bei Gott ist.

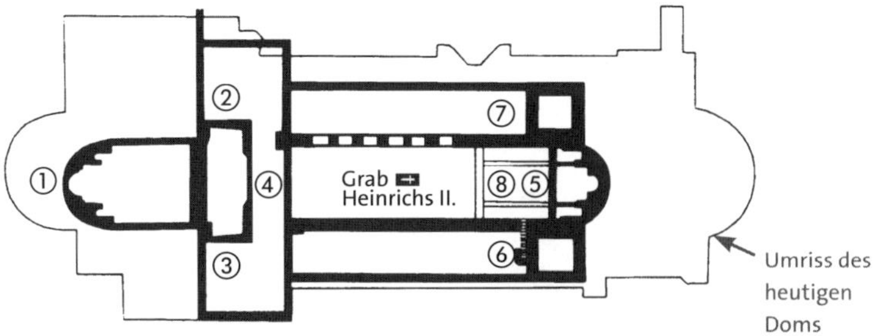

① **Petrus,** geweiht durch Bischof v. Bamberg

② **Bekenner,** geweiht durch Erzbischof v. Köln

③ **Martyrer,** geweiht durch Erzbischof v. Trier

④ **Kreuz,** geweiht durch Patriarch v. Aquileia

⑤ **Georg,** geweiht durch Erzbischof v. Mainz

⑥ **Bayerische Heilige,** geweiht durch Erzbischof v. Salzburg

⑦ **Lothringische Heilige,** geweiht durch Erzbischof v. Magdeburg

⑧ **Fränkische Heilige,** geweiht durch Erzbischof v. Gran (Ungarn)

Altarweihen

Zahlreiche Reliquien hatte Heinrich II. für seine Bischofskirche erworben. Sie waren die größten Schätze der Kirche, wertvoller als alle gold- und edelsteinbesetzten Bücher und alle goldenen Kelche und anderen Preziosen. Es muss Jahre gedauert haben, bis der König einen derartigen Reliquienschatz zusammengetragen hatte, wie er im Bericht über die Kirchenweihe vom 6. Mai 1012 überliefert ist. Insgesamt werden darin 134 unterschiedliche Reliquien genannt, darunter waren u.a. Teile der Kette des heiligen Petrus, Blut des heiligen Apostels Paulus, Partikel vom Schweißtuch des Herrn, vom Grab des Herrn, von den Sandalen des Herrn, vom Kreuz des Herrn, vom Blut des Herrn, die ganzen Körper des heiligen Papstes Gaius und des Märtyrers Hermes, Partikel vom Stab des heiligen Apostels Petrus, von dem in einem Stück gewirkten Rock des Herrn, von der Dornenkrone, vom Kleid der heiligen Maria, vom Blut des heiligen Johannes des Täufers, vom Arm des Justus und zahlreiche Reliquien von Heiligen aus allen Phasen der christlichen Geschichte.

Die Weihe des Doms

Der Tag der Domweihe war kein Festtag im Heiligenkalender und auch kein Sonntag, sondern der Geburtstag des Königs: der 6. Mai 1012. Auch in diesem Datum sollte also die enge Verbindung der Bistumsgründung mit Heinrich II. nochmals deutlich herausgestellt werden.

Der Chronist und Bischof Thietmar von Merseburg war selbst anwesend: „*Nach Errichtung der Domkirche in der Stadt Bamberg versammelten sich dort am 32. Geburtstage des Königs, dem 6. Mai, alle Großen zur Weihe des Heiligtums; diese Braut Christi erhielt ihre Weihe durch die Hand des Patriarchen Johannes von Aquileia und mehr als 30 andere Bischöfe. Auch ich Sünder war zugegen und fand sie in allem so prächtig, wie es sich für den höchsten König gebührt*“.

Vorderdeckel des Perikopenbuchs

Neben den wohl 45 Erzbischöfen und Bischöfen aus allen Reichsteilen, aus Italien und auch aus Ungarn waren auch Äbte und Äbtissinnen und eine große Menschenmenge aus Adel und Kirchenvolk zur Domweihe erschienen. Die Bischöfe weihten nun gemeinsam den Dom ein. Den Dom als solchen weihte der ranghöchste erschienene Oberhirte: Es war Johannes der Patriarch von Aquileia im Friaul. Den Hauptaltar im Ostchor konsekrierte der zuständige Erzbischof Erkanbald von Mainz. Auch die Erzbischöfe von Köln, Trier, Salzburg, Magdeburg und Gran (Ungarn) weihten jeweils einen der Altäre ein. In der Mitte des Doms stand der Kreuzaltar, vor dem Heinrich II. im Jahr 1024 bestattet werden sollte.

Der Domschatz: Prachtvolle Bücher und goldene Kleinodien

Neben den wertvollen Reliquien wurde für einen neuen Dom aber auch eine umfangreiche Ausstattung an liturgischem Gerät und Büchern für den Gottesdienst gebraucht. Auch hier musste Heinrich II. viel investieren. An erster Stelle werden auch hier die Codices, also die liturgischen Bücher gestanden haben, dann verschiedene kirchliche Gefäße und Gewänder, Kreuze, aus Gold und Silber hergestellte Reliquienbehälter und Messkelche, Hostienschalen, Altarkronen, Weihrauchgefäße und Kerzenleuchter.

Vor allem die Bücher sind bis heute in großer Zahl erhalten und spiegeln die Bemühungen des Königs wider, seinem „Überbistum" eine besonders reiche und prachtvolle Ausstattung zukommen zu lassen. Bis heute gehört der in der Staatsbibliothek Bamberg verwahrte Bücherbestand zu den am besten erhaltenen mittelalterlichen Dombibliotheken im deutschen Raum. Die besten Schreibstuben – in Regensburg, auf der Klosterinsel Reichenau und im oberbayerischen Kloster Seeon – wurden beauftragt die wertvollen Codices herzustellen.

Neben rein liturgischen Büchern für den Gottesdienst kamen auch zahlreiche Bücher aus verschiedendsten Wissensgebieten nach Bamberg, zum Teil wohl auch aus altem königlichem Besitz. Auch zahlreiche königliche Klöster wurden von Heinrich dazu gebracht, sich von Teilen ihrer Bücherschätze zu trennen und diese nach Bamberg zu geben.

Berühmt sind für die Bamberger Dombibliothek neben den gold- und juwelengeschmückten Buchdeckeln vor allem die prachtvoll mit Buchmalerei gestalteten Codices, wie das Regensburger Sakramentar, das Perikopenbuch und die Bamberger Apokalypse.

Neben den prachtvollen Büchern sind auch zahlreiche andere Preziosen im Bamberger Domschatz erhalten. Nicht alles war von der Gründung an in Bamberg, sondern der Schatz wuchs im Lauf der Jahre und Jahrhunderte noch weiter an.

Das Bamberger Domkreuz bei der Fronleichnamsprozession auf der Bamberger Rathausbrücke

Vieles ging mit der Zeit auch verloren oder wurde verändert und dem jeweiligen Zeitstil angepasst. Das beste Beispiel hierfür ist das Bamberger Domkreuz: Es entstand im 11. Jahrhundert als Reliquienbehälter von außerordentlicher Größe. Im frühen 17. Jahrhundert bekam es ein neues Gehäuse, welches aber nach der Säkularisation des Hochstifts Bamberg wieder

Der Sternenmantel Heinrichs II.

entfernt wurde. Bamberger Bürger stifteten dann 1806 die heute erhaltene prachtvolle Hülle mit Sockel und das Kreuz verehrenden Engeln. Dabei wurde die bisherige Rückseite mit dem Partikel des Kreuzes Christi zur Vorderseite gemacht. An Fronleichnam tragen 18 Männer das 2,37 Meter hohe und etwa 600 Kilogramm schwere Domkreuz über den Prozessionsweg.

→ Der **Sternenmantel** Kaiser Heinrichs II.: Zu den eindrucksvollsten Stücken des Bamberger Domschatzes zählen die Prunkgewänder von Heinrich und Kunigunde, die heute im Diözesanmuseum in Bamberg besichtigt werden können. Am berühmtesten ist der Sternenmantel Kaiser Heinrichs II. Zum Osterfest des Jahres 1020 kam Papst Benedikt VIII. nach Bamberg. In seinem Gefolge befand sich ein Fürst aus Apulien namens Ismahel, der den Mantel als Geschenk für Heinrich mitgebracht hatte. Ismahel kämpfte in der Zeit vor 1018 gegen die byzantinische Herrschaft über Apulien und wurde dabei von Papst Benedikt VIII. mit normannischen Truppen unterstützt, jedoch geschlagen. Bei dem Besuch in Bamberg ging es wohl auch darum, Heinrich zu einer Unterstützung des Kampfes gegen Byzanz zu gewinnen. Ismahel schenkte Heinrich einen purpurfarbenen, halbkreisförmigen Mantelumhang,

Links: Modell des Dombergs im 11. Jahrhundert; rechts: Modell des Palas mit Andreas- und Thomaskapelle

der mit goldgestickten Himmelskörpern und Symbolen übersät war. Im 15. Jahrhundert wurde der rote Purpurstoff durch einen blauen Damaststoff ersetzt und in die heutige Form gebracht. In der Mitte des Rückens ist Christus in der Mandorla dargestellt, umgeben von den Symbolen der vier Evangelisten. Um ihn gruppieren sich Sonne und Mond, Alpha und Omega als Anfang und Ende der Welt sowie Cherubim und Seraphim als Symbole für die Größe des Herrn. Dann folgen andere christliche Motive wie die Evangelistensymbole. Zum Saum hin sind die Sternzeichen angebracht. Den Saum selbst ziert eine lateinische Inschrift in Großbuchstaben, die Heinrich II. als „Zierde Europas" rühmt. Knapp darüber wird in kleinen aufgestickten Buchstaben auch des Auftraggebers des Mantels, Ismahel, mit dem Friedenswunsch „PAX" gedacht. Er starb am 23. April in Bamberg, der Mantel wurde also nach seinem Tod hier nochmals überarbeitet.

Südliche Außenwand der alten Hofhaltung mit der ehemaligen Innenwand der Andreaskapelle als Fassadenteil

Die Domburg

Fünf Gebäudekomplexe entstanden im 11. Jahrhundert auf dem Bamberger Domberg: Dom, Palas, Thomaskapelle, Andreaskapelle und das Domkloster.

Nur wenig davon ist bis heute erhalten: Der Palas der Bischofspfalz war das wichtigste Repräsentationsgebäude neben dem Dom, mit dem es durch einen Zwischenbau verbunden war. Er war ein lang gestreckter, vermutlich zweigeschossiger Bau von 60 x 12 Meter, der in Süd-Nord-Richtung quer zum Dom stand. Er brannte 1185 mitsamt der ganzen Bebauung des Dombergs ab. Auch von dem daraufhin errichteten Neubau sind nur noch wenige Fragmente erhalten. Im Obergeschoss des Pfalzpalas lag ein weiträumiger Versammlungsraum, in dem der König bei seinen häufigen Besuchen Hof halten konnte. Auch die Gastgemächer für das Königspaar und die Wohnung des Bischofs waren hier untergebracht.

Nördlich an den Palas angebaut wurde die Thomaskapelle, die 1020 von Papst Benedikt VIII. eingeweiht wurde. Diese ursprüngliche Saalkirche mit einer nach Osten gerichteten Apsis hatte möglicherweise ursprünglich die Funktion der „Aula regia“, also des königlichen Versammlungssaales innerhalb der Domburg. Sie wurde nach 1185 in eine zweigeschossige Doppelkapelle umgebaut. Diese enthält in ihrem unteren Teil noch das Mauerwerk und die Chorapsis der ältesten Thomaskapelle.

Vor dem Palas entstand zwischen 1042 und 1053 der achteckige, zweigeschossige Bau der Andreaskapelle, vermutlich ein verkleinerter Nachbau der Aachener Pfalzkapelle Karls des Großen. Sie wurde im 19. Jahrhundert bis auf einen Teil der Wand abgerissen: Dieses Stück Wand mit zwei Rundbogenfenstern ist heute noch an der Außenfassade der alten Hofhaltung sichtbar.

Zuletzt ist das Domkloster zu nennen, in dem das Domkapitel untergebracht wurde. Es wurde an der Stelle des heutigen Domkreuzgangs erbaut, um den herum ein Kapitelsaal, ein Refektorium (Speisesaal) und ein Dormitorium (Schlafräume) gruppiert wurden. Archäologisch konnte dieser Bereich aber bisher noch nicht untersucht werden. Durch die Neubauten nach dem Dombrand von 1185 ist vom ursprünglichen Domkloster wohl nur noch im ehemaligen Kapitelsaal, der heutigen „Nagelkapelle“, Bausubstanz aus der Gründungszeit vorhanden. Die weiteren Flügel des heutigen Kapitelbaus entstanden im Lauf des Mittelalters und wurden 1730 bis 1733 von Balthasar Neumann zum Teil neu errichtet.

Außen herum wurde eine mächtige Mauer gezogen, die wohl auf der Linie der alten Mauer der Babenburg vor 1000 lag. Innerhalb dieses sehr weit gezogenen Mauerrings bauten sich im Lauf des 11. und 12. Jahrhunderts verschiedene geistliche, aber auch weltliche Herren eigene Höfe. Das Domkapitel gab während des 12. Jahrhunderts seine gemeinsame Lebensführung (vita communis) auf. Die einzelnen Domherren lebten seither in eigenen Wohnungen (curien), den sogenannten „Domherrenhöfen“, die im gesamten Burgbereich erbaut wurden und die als spätere Um- und Neubauten zum Teil bis heute auf dem Domberg erhalten sind.

DAS „FRÄNKISCHE ROM“ ENTSTEHT

Klöster und Stiftskirchen auf Bambergs Hügeln

Zwischen der Domweihe 1012 und der Kaiserkrönung Heinrichs II. 1014 entstand ein Gedicht, das Bamberg als „Haupt der Welt“ bezeichnet. Der Autor, Abt Gerhard von Seeon, schreibt darin auch, dass der neue Bistumssitz „heftig verlangt, der römischen Burg gleich zu sein“. Bamberg wird hier also mit Rom verglichen, ja wird geradezu als Imitation Roms angesehen. Damit steht Bamberg im deutschen Reich allerdings nicht alleine da: Auch in Mainz, Eichstätt, Konstanz, Lüttich, Paderborn, Utrecht und Würzburg sind solche partiellen Nachbildungen der römischen Kultlandschaften anzutreffen, so Michael Matheus. Später hat man versucht aus dem Gedicht des Gerhard von Seeon ein Bauprogramm der Bamberger Kirchentopografie zu erschließen oder nach anderen Anhaltspunkten für die Ähnlichkeit mit Rom zu suchen, eben nach den sieben Hügeln, auf denen die Ewige Stadt erbaut wurde. Angesichts des hügeligen Terrains im Westteil Bambergs sind diese auch nicht schwer zu finden.

Ob die Bamberger Sakraltopografie, die im 11. Jahrhundert über den Dom und den Domberg hinaus noch deutlich weiter ausgedehnt wurde, aber von Anfang an als konkrete Romimita-

Luftbild Bamberger Dombezirk

tion geplant wurde, ist so nicht nachweisbar und aufgrund der weit auseinander liegenden Gründungszeiten der einzelnen Kirchen auch kaum vorstellbar.

Dennoch ist es wichtig, die Entwicklung der Kirchen, Kloster- und Stiftsgründungen in Bamberg in Folge der Bistumsgründung 1007 zu betrachten. Sie zeigen, wie schnell der neue Bischofssitz aufblühte. Was – neben einem Dom – alles zu einem Bischofssitz gehörte, wusste Heinrich genau, war er doch in Regensburg und in Hildesheim aufgewachsen. Er kannte die Bedeutung des Benediktinerordens für Bildung und Landesausbau ebenso wie die Wichtigkeit der Regularkanoniker für die Ausbildung eines Klerus, der in den Pfarrkirchen der Diözese eingesetzt werden konnte.

→ **Klöster und Stifte:** In der abendländischen Kirche entwickelten sich verschiedene Formen des gemeinschaftlichen Zusammenlebens von Geistlichen oder geistlichen Frauen. Zumeist unterscheidet man dabei Klöster und Stifte. Ein Kloster, von lat. claustrum (Schloss, verschlossener Raum), ist zumeist ein Gebäude, in dem Mönche oder Nonnen gemeinsam nach einer Ordensregel leben und in der zugehörigen Kirche beten. Mönche und Nonnen haben sich zu einem Leben für Gott in Armut, Keuschheit und Gehorsam entschieden. Vorsteher der Gemeinschaft ist ein Abt oder eine Äbtissin. Der wichtigste Mönchsorden des frühen Mittelalters war der Benediktinerorden, der nach der Regel des heiligen Benedikt von Nursia (ca. 480–ca. 547) lebte. Ihr Wahlspruch lautete „Ora et labora – bete und arbeite". Ein **Stift**, oder auch **Chorherrenstift** ist ebenfalls eine Gemeinschaft von Klerikern oder geistlichen Frauen (Kanonissen), die von einem Gründer (Stifter) mit Grundvermögen ausgestattet wurde. Im Gegensatz zu den Mönchen und Nonnen, die kein eigenes Einkommen haben durften, waren den Stiftsherren, Chorherren oder Stiftsdamen aber jeweils Präbenden (Pfründen) zugeteilt. Außerdem gehörte oft auch ein eigener Haushalt im Stiftsgebäude, später auch außerhalb, zu deren Ausstattung. Während die Mönchsorden sich vorwiegend dem innerklösterlichen Gebet widmeten, waren die Kanoniker und Chorherren als Weltkleriker auch mit der Gestaltung der Gottesdienste der Bevölkerung betraut. An der Spitze eines Stifts stand ein Propst oder Dekan.

Spätestens zwei Jahre nach der Bistumsgründung entstand daher in Bamberg ein dem heiligen Stephan geweihtes Chorherrenstift. Seine Bedeutung lässt sich auch daran erkennen, dass es 1020 durch Papst Benedikt VIII. persönlich eingeweiht wurde. Der Gründungsbau auf einer südlich des Dombergs gelegenen Erhebung ist nicht mehr erhalten. Der heutige Bau von 1626 folgt aber dem Grundriss der ersten Kirche: einem griechischen Kreuz. Das Stift erfuhr starke Förderung durch Kunigunde. So kommt es auch, dass der Stephansberg im Volksmund als Wohnort der heiligen Kunigunde bezeichnet wurde. Wie im Domstift so lockerte sich auch im Chorherrenstift St. Stephan im 12. Jahrhundert das gemeinsame Leben der Kanoniker. Oberhalb der Kirche erbauten sie daher eigene Chorherrenhöfe.

Heinrich II. verehrte bestimmte Heilige ganz besonders. Zu diesen zählte der Erzengel Michael, der auf dem Basler Antependium neben den Erzengeln Raphael und Gabriel und dem Ordensgründer Benedikt als Fürsprecher für Heinrich und Kunigunde erscheint. Ihm zu Ehren gründete der König 1015 auf dem nördlich des Dombergs gelegenen Hügel die Benediktinerabtei St. Michael. Sie wurde bischöfliches Eigenkloster und so vom Bischof mit Grundbesitz ausgestattet, der aus dem reichen Fundationsgut der Bistumsgründung stammte.

Ansicht des Stifts St. Stephan um 1650. Ausschnitt aus der Topographia Germaniae des Matthäus Merian

Das geistliche Zentrum Bamberg wurde auch nach dem Tod Heinrichs II. im Jahr 1024 noch mit weiteren Klöstern und Stiften ausgestattet. Diese wurden aber nun von den Bischöfen alleine gegründet. Dabei trat nach 1015 eine lange Pause ein: Erst 1057 bis 1059 gründete Bischof Gunther von Bamberg das Chorherrenstift St. Gangolf. Es entstand relativ weit von den bisherigen Siedlungsarealen der werdenden Domstadt entfernt im heutigen Stadtteil Theuerstadt. Der Gründungsbau ist in den Grundmauern bis heute erhalten, wurde jedoch überwölbt und mit einem gotischen Chor versehen. Kirche, Kreuzgang und Kapitelhaus geben dem Kirchenplatz bis heute den Rahmen einer geschlossen erhaltenen Stiftsanlage, auch wenn sie aus verschiedenen Bauepochen stammt.

Die letzte Stiftsgründung im Bamberg des 11. Jahrhunderts erfolgte 1065/72 etwas nördlich des Dombergs und dessen Um-

Oben: Kloster Michelsberg; unten: Stiftskirche und Kapitelhaus St. Gangolf

mauerung. Hier gründete Bischof Hermann von Bamberg aus privaten Mitteln das Jakobsstift, in einer Zeit, in der die Wallfahrt zum heiligen Jakob nach Santiago de Compostela sehr beliebt war. Der Kirchenbau wurde damals nach dem Vorbild des Doms, aber in kleinerer Größe errichtet. Wenn man sich also die Baugestalt und den Innenraum des Heinrichsdoms vorstellen will, kann ein Besuch in der romanischen Basilika St. Jakob helfen.

Stiftskirche St. Jakob

Kaiser- und Papstbesuche: Bamberg unter den Bischöfen des 11. Jahrhunderts

Bamberg musste Heinrich II. nach seiner Gründung als „Überbistum" dienen und nützlich sein. Hier war das Zentrum seiner Herrschaftsinszenierung, in die das ganze Reich und seit seiner und Kunigundes Kaiserkrönung 1014 auch Rom und das nördliche Italien einbezogen war. Wie oft war Heinrich in seiner Lieblingsstadt? Quellenmäßig gesichert sind 15 Aufenthalte zwischen 1002 und 1024. Weitere fünf Besuche sind erschlossen. Das mag zunächst nicht als sehr häufig erscheinen, doch war dieser Umstand im mittelalterlichen Reisekönigtum begründet.

Die Könige des Ostfrankenreichs, aus dem in der Zeit Heinrichs II. gerade das deutsche Königreich entstand, hatten keine feste Residenz oder Hauptstadt. Auch Bamberg konnte dies nie werden. Dies hatte politische Gründe. Der König herrschte ohne ein flächendeckendes Verwaltungssystem über Personalverbände. Das System war so konzipiert, dass er ständig in Verbindung mit den Mächtigen in den Regionen seines Reichs bleiben musste, um erfolgreich zu herrschen. Deshalb waren die Kaiser und Könige des Mittelalters ständig auf Reisen: Sie fuhren von Pfalz zu Pfalz, von Bischofssitz zu Bischofssitz. Die Präsenz in den Herzogtümern, den Bistümern, den königlichen Besitzkomplexen hielt das Reich regelrecht zusammen. In den Königsreisen spiegeln sich Schwerpunkte der königlichen Macht: Bei Heinrich II. war Bamberg mit den 15 nachweisbaren Aufenthalten als König bzw. Kaiser einer dieser Schwerpunkte, doch es gab andere Orte, die auch wichtig waren. In Magdeburg in Sachsen war er ähnlich oft wie in Bamberg, nur Merseburg, im heutigen Sachsen-Anhalt, besuchte er, den Urkunden nach zu schließen, noch häufiger, nämlich 26 Mal. Alle diese drei Orte, Bamberg, Magdeburg und Merseburg, lagen in Reichweite der östlichen Grenzen seines Reichs, an denen Heinrich zahlreiche Feldzüge gegen Polen und Böhmen führte.

Zwischen 1010 und 1017 sowie in seinen letzten Lebensjahren (1020–1024) kam Heinrich jedes Jahr einmal nach Bamberg. Neben der Domweihe 1012 und der Gründung des Klosters Michelsberg 1015 war vor allem der Aufenthalt im Jahr 1020 von großer Bedeutung, denn Heinrich konnte in der Osterzeit dieses Jahres den Papst in Bamberg begrüßen. Benedikt VIII. brauchte Heinrichs Unterstützung gegen die Expansionspolitik des byzantinischen Reichs im südlichen Italien. Fast 200

Jahre lang war kein Papst mehr nördlich der Alpen gewesen. Das Programm des Besuchs überlieferte uns der Diakon Bebo: Am Gründonnerstag kam der Papst zu Pferd im vollen Ornat in die Stadt. Er wurde von vier Chören begrüßt und vom Kaiser im Dom empfangen. Assistiert von zahlreichen hochrangigen Bischöfen zelebrierte er hier bis zum Ostersonntag jeden Tag die heilige Messe. Am Sonntag nach Ostern weihte er feierlich die Stiftskirche St. Stephan ein. Am 1. Mai reiste er dann mit Heinrich nach Fulda weiter, von wo aus er nach Rom zurückkehrte. Das Ergebnis des Treffens ist in mehreren Urkunden dokumentiert. Heinrich II. bestätigte dem Papst die Garantien seiner Vorgänger und stellte das Bistum Bamberg unter den päpstlichen Schutz. Der Papst ließ für Bischof Eberhard von Bamberg eine Urkunde ausstellen, in der er alle Rechte und Besitzungen Bambergs anerkannte. Der päpstliche Schutz war wichtig, da Heinrich wollte, dass sein Bistum auch nach seinem Tod sicher weiter bestehen konnte. Es war nämlich keineswegs selbstverständlich, dass seine Nachfolger Bamberg entsprechend seiner Vorstellungen weiter fördern würden. Nachdem Heinrich 1024 in der Pfalz Grone in Norddeutschland gestorben und im Bamberger Dom beigesetzt worden war, dauerte es zehn Jahre bis sein Nachfolger, Kaiser Konrad II. (1024–1039), dem Bistum eine Bestätigungsurkunde ausstellen ließ. Dies geschah im Jahr nach dem Tod von Kaiserin Kunigunde in dem von ihr gegründeten Kloster Kaufungen (1033).

Unter Konrads II. Nachfolger Heinrich III. (1039–1056) kam es nach Wilhelm Störmer zu einer regelrechten „Revision der Bamberg-Förderungspolitik Heinrichs II.“ Er setzte 1040 nach dem Tod des ersten Bischofs Eberhard seinen eigenen Kaplan Suidger als Bischof ein (1040–1047) und ließ im Süden des Bistums bischöfliche Besitzpositionen wieder zu Königsgut werden. Zentrum dieses neuen Königsgutskomplexes wurde die 1050 erstmals erwähnte Burg Nürnberg. Die Machtpositionen verschoben sich also wieder. Dies war möglich, weil Suidger als Bischof nicht gegen die Entscheidungen des Königs rebellierte.

Statue von Papst Clemens II. im nördlichen Seitenschiff des Bamberger Doms

Im Gegenteil: Heinrich und Suidger arbeiteten eng zusammen. Als in Rom im Jahr 1046 gleichzeitig drei Päpste das höchste Kirchenamt beanspruchten, setzte der König auf der Synode von Sutri diese ab und ernannte den Bamberger Bischof zum neuen Papst, was auf einer Synode in Rom am 24. Dezember 1046 dann durch eine Wahl bestätigt wurde. Einen Tag später, an Weihnachten, krönte der neue Papst, der den Namen Clemens II. angenommen hatte, dann Heinrich III. und dessen Gemahlin Agnes von Poitou (um 1025–1077) zu Kaiser und Kaiserin.

Seine Position als Bischof von Bamberg behielt Clemens II. bei, ein Novum in der Kirchengeschichte.

Als Papst begann er Reformen gegen die Priesterehe und Simonie, die Käuflichkeit von Kirchenämtern. Schon zehn Monate später war er aber tot. Er starb am 9. Oktober 1047 in einem Kloster bei Pesaro möglicherweise an einer Vergiftung. Wie er es gewollt hatte, wurde er im Bamberger Dom beigesetzt. Bis heute ist sein Grab im Westchor des Doms das einzige Papstgrab nördlich der Alpen. 1052 besuchte Papst Leo IX. (1049–1054), der wie Clemens II. zu den drei deutschen Reformpäpsten der Zeit Kaiser Heinrichs III. zu zählen ist, sein Grab. In Verehrung seines Vorgängers und des Bistumsgründers Heinrich II. verlieh er Bischof Hartwig von Bamberg (1047–1053) das Recht, an bestimmten Tagen das Pallium, also das Amtsabzeichen des Papstes zu tragen.

Dass trotz dieser Ehrenzuweisung das Bistum in der zweiten Hälfte des 11. Jahrhunderts nicht in bestem Zustand war, zeigen uns die Klagen des Leiters der Bamberger Domschule Meinhard aus der Zeit um 1057 bis 1064, in der Bischof Gunther die Diözese leitete. Dieser Bischof war an sich eine hochangesehene politische Gestalt des Reichs. Der Domscholaster klagt in einem Brief an einen offenbar abwesenden Bamberger Kleriker über den schlechten Zustand der Region, während der Bischof sich lange in den Kärntner Bistumsbesitzungen aufhielt. In einem anderen Brief erinnert Meinhard den Bischof an die Übergriffe und Verwüstungen durch die Adligen Hermann und Goswin und bittet ihn, doch bald nach Bamberg zurückzukehren. Wenn man dazu noch die 1059 bei der Bamberger Diözesansynode genannten Widerstände in den slawisch besiedelten Gegenden gegen die christliche Religion, die Taufe, die kanonischen Vorschriften und die Leistung des Zehnts nimmt, ergibt sich in dieser Zeit das Bild einer Krise. Gunther, ein enger Vertrauter Kaiser Heinrichs III., scheint das Problem aber angegangen zu sein, da es später derartige Klagen nicht mehr gibt. Neben der Gründung des Stifts St. Gangolf ist er vor al-

Gunthertuch mit der Darstellung eines byzantinischen Kaisers bei der Rückkehr von einem Feldzug

lem als Territorialpolitiker wichtig, der im werdenden Hochstift Siedlungspolitik betrieb. Auf der Rückreise von einer Jerusalemwallfahrt starb er 1065. Das reich verzierte byzantinische Seidentuch, in dem sein Leichnam nach Bamberg gebracht wurde, ist als Gunthertuch ein vielbeachtetes Exponat des Bamberger Diözesanmuseums.

In den letzten Jahrzehnten des 11. Jahrhunderts geriet auch Bamberg in die Auseinandersetzungen des „Investiturstreits" hinein. Dabei ging es vor allem um die Frage, wer berechtigt sein sollte, Bischöfe einzusetzen, der weltliche Herrscher, also der König/Kaiser, oder das Papsttum. Daneben waren auch die Fragen der Käuflichkeit von Kirchenämtern und die Priesterehe ein Streitpunkt. Die Hauptkontrahenten waren Papst Gregor VII. (1073–1085) und König/Kaiser Heinrich IV. (1056–1105). Besonders die Bischöfe Hermann I. (1065–1075) und Rupert (1075–1102) waren in die Auseinandersetzungen einbezogen. Beide standen dabei auf der Seite des Königs. Hermann I. war von Heinrich IV. als Bamberger Bischof ohne Einbeziehung des Domkapitels eingesetzt worden. Die Domherren hatten eine ständige Abneigung gegen den Bischof und warfen ihm Simonie vor. 1073 wandten sie sich deswegen an Papst Gregor VII., der Hermann daraufhin mehrmals aufforderte, sich in Rom zu den Vorwürfen zu äußern. Als dies nicht geschah, erklärte der Papst den Bischof am 20. April 1075 für abgesetzt, drei Monate später belegte er ihn mit dem Kirchenbann, schloss ihn also aus der Kirchengemeinschaft aus.

Heinrich IV. ernannte Ende November 1075 Bischof Rupert zum neuen Oberhirten der Diözese. Auch er stand im Konflikt des Königs mit dem Papst auf der Seite Heinrichs IV. Nachdem Papst Gregor im Jahr 1076 den König für abgesetzt erklärt und mit dem Kirchenbann belegt hatte, entwickelte sich im Reich eine sächsisch-süddeutsche Fürstenopposition gegen Heinrich IV. Obwohl der König im Januar 1077 durch sein Erscheinen im Büßergewand vor Papst Gregor VII. auf der Burg Canossa im italienischen Appenin vom Bann gelöst wurde, wählte die Fürstenopposition den Herzog von Schwaben, Rudolf von Rheinfelden, am 15. März zum Gegenkönig. Dies geschah auf Bamberger Bistumsboden in Forchheim, wobei man offensichtlich an die spätkarolingische Tradition der dort vorgenommenen Königserhebungen Ludwigs des Kindes (900) und Konrads I. (911) anknüpfte. Es folgte ein Krieg zwischen den beiden Parteien, von dem Franken offenbar ziemlich betroffen war. Rudolf belagerte 1077 unter anderem Würzburg. Erst 1080 konnte Heinrich IV. seinen Gegner im östlichen Sachsen schlagen, wobei dieser die rechte Hand, die Schwurhand, verlor und starb. Heinrichs Herrschaft konnte sich in den Folgejahren wieder festigen.

1081 ereignete sich in Bamberg die Katastrophe des Jahrhunderts: Der Dom, den Heinrich II. auf der Babenburg errichtet hatte, brannte völlig aus, die Flammen griffen auch auf die benachbarten Gebäudekomplexe über und auch das unterhalb des Dombergs liegende Sandgebiet war vom Feuer betroffen. Noch unter Bischof Rupert wurde mit dem Wiederaufbau begonnen, der erst unter dessen Nachfolger Bischof Otto I., dem Heiligen (1102–1139), abgeschlossen wurde.

Otto war vorher Kanzler Kaiser Heinrichs IV. gewesen. Als wichtiger Vermittler zwischen Papst und Kaiser spielte er in der Spätphase des Investiturstreits eine bedeutende Rolle. Als Kirchenreformer wirkte er weit über das Bistum Bamberg hinaus. Als Gründer von über 30 Klöstern und Stiften zwischen Kärnten und Sachsen stärkte er die Position des Bamberger Bischofs auch weit außerhalb der eigenen Diözese. Besonders bekannt ist der heilige Otto als Apostel von Pommern. Diese noch heidnische Region an der Ostsee wurde von ihm in mehreren Missionsreisen (1124–1128) christianisiert. Sein Grab in der Klosterkirche auf dem Michelsberg ob Bamberg ist bis heute das Ziel von Wallfahrern.

Die frühe Stadt Bamberg

Der Weg von einer Siedlung unter einer Burg zu einer Stadt kann Jahrhunderte dauern. Auch in Bamberg war dies ein längerer Prozess. Die Stadt entstand dabei aus mehreren Siedlungskernen, deren Alter im Einzelnen nicht genau bestimmbar ist. Die älteste dieser präurbanen Siedlungen war aller Wahrscheinlichkeit nach das Suburbium unterhalb der Babenburg im Bereich des heutigen Sandgebiets. Die Bezeichnung „im Sand" zeigt, dass es sich bei deren Siedlungsboden um geröllreiches Flussschwemmland handelte. Hier siedelten sich die ersten Kaufleute an, die bereits im 11. Jahrhundert im überregionalen

Plan der frühen Siedlung: 1 Stephansberg, 2 Sandgebiet, 3 Dombezirk auf der Babenburg, 4 Michelsberg, 5 Inselstadt, 6 Theuerstadt mit Stift St. Gangolf

amberg.
5
6
Occid.
Sept.
Merid.
Oriens

Handelsgeschehen verankert waren. So sind 1065 Bamberger Getreidehändler in Hamburg nachweisbar.

Um den Bischofssitz auf dem Domberg sowie um die Klöster und Stifte wurden eigene Rechtsbereiche festgelegt, sogenannte Immunitäten. In diesen Bereichen entstanden zur Versorgung der einzelnen kirchlichen Gemeinschaften jeweils Siedlungen mit zugehörigen Höfen, Handwerkeranwesen und anderen Gewerbebetrieben. Auf diesen Siedlungskernen entstanden bald kleine Märkte, die sich auch in Konkurrenz zur frühen bischöflich-bürgerlichen Stadt entwickelten. Erst im 13. Jahrhundert konnte das Domstift und damit das Domkapitel die Führung über die Wirtschaftsbereiche der anderen Immunitäten erlangen. Die Position des Bischofs als Stadtherr war damit eingeschränkt. Wie lange der Prozess der Stadtwerdung dauerte, zeigt die Tatsache, dass erst seit 1245 in Bamberg Jahrmärkte abgehalten werden durften.

Eine wichtige Rolle bei der Entstehung einer städtischen Führungsschicht spielte – wie in anderen Städten auch – der Ministerialenadel. Diese im 11. Jahrhundert sich neu formierende Adelsgruppe war aus der ursprünglich meist einem Grundherren hörigen und unfreien Dienstleuteschicht hervorgegangen. Um Bamberg gab es Ministeriale vieler Herren: Ministeriale des Reichs bzw. des Königs, des Bischofs, der Äbte und Pröpste der Klöster und Stifte, des Domkapitels, aber auch des höheren Adels des Umlandes. Durch zuverlässigen Dienst in Verwaltung, Organisation oder auch in der Verteidigung des jeweiligen Herren kamen sie in verantwortungsvolle Positionen und so auch in die Führungspositionen der frühen Stadt.

1020 wird erstmals eine Brücke über die Regnitz erwähnt, die in das Gebiet der Inselstadt führte. Hier entwickelte sich um mehrere spezialisierte Marktplätze für Fisch, Milch und Gemüse (Grüner Markt) die bürgerliche Inselsiedlung. Auf dem Grünen Markt stand bis 1804 die Pfarrkirche dieser Siedlung mit dem Patrozinium des heiligen Martin. Diese Kirche könnte schon in der Zeit der Bistumsgründung entstanden sein.

Blick vom Domberg auf das Sandgebiet, das wohl älteste Siedlungsgebiet der Stadt Bamberg

Im 12. Jahrhundert konnte sich die Stadt als „civitas“ bezeichnen, war also zur Bürgerstadt geworden. Ministeriale, Kaufleute und Handwerker stellten hier im 12. Jahrhundert die Schöffen des von einem Schultheißen geleiteten Stadtgerichts. Dieses umfasste als Rechtsbereich das Sandgebiet, die Inselstadt, den Kaulberg und die östlich der Regnitz gelegene Theuerstadt um das Stift St. Gangolf, mit Ausnahme der Immunitäten. Auch die Siedlung um St. Gangolf scheint schon sehr früh an einem alten Verkehrsweg von Forchheim nach Hallstadt entstanden zu sein, der im heutigen Steinweg bis heute zu erkennen ist. Auch eine eigene Judengemeinde wird im 12. Jahrhundert erkennbar.

→ Die **Bamberger Judengemeinde** im Mittelalter: Schon kurz vor der Gründung des Bistums Bamberg sind die ersten Juden im Raum am Obermain nachweisbar. Als Fernhändler waren sie im Frankenreich vom Königtum besonders privilegiert. Spätestens in der zweiten Hälfte des 12. Jahrhunderts ist in Bamberg eine Judengemeinde etabliert, die sich im ältesten Siedlungsteil, dem Sandviertel, angesiedelt hatte. Sie verfügte über eine eigene Gerichtsbarkeit, über eine Synagoge sowie Schul- und Gemeinderäume an der Judenstraße. Auch in Bamberg kam es 1289 und 1349 zu Verfolgungen der hier lebenden jüdischen Einwohner. Anstelle der Synagoge wurde die Marienkapelle errichtet. Dennoch kamen 1356 wieder Juden nach Bamberg. 1478 wurden die Juden aus der Stadt und dem Hochstift ausgewiesen. Sie siedelten sich auf dem Land, vor allem in Orten der Ritterschaft an.

Die weiteren wichtigen Daten zur Entstehung der mittelalterlichen Stadt Bamberg sind die erste Nennung von Bürgern (cives) im 13. Jahrhundert, einer Stadtordnung 1320, eines Stadtrates im 14. Jahrhundert und eines gelehrten Stadtschreibers 1346. In dieser Zeit entstand auch das Rathaus auf der Oberen Brücke, die beide Altstadtbereiche verband. Im 15. Jahrhundert war ein Patriziat entstanden, welches den Magistrat leitete, Handwerker waren in Zünften organisiert. Bischof und Domkapitel waren aber weiterhin die mächtigen Stadtherren und die Vorsteher der Stifte und Klöster geboten über die Bevölkerung ihrer Immunitäten. Bamberg blieb also sehr lange eine mehrpolige Stadt. Als Bischofssitz entwickelte sie sich zum Typus der „geistlichen Stadt“ aus, in der es besonders viele kirchliche Institutionen gab. Neben dem Dom, den Kloster- und Stiftskirchen, die im Lauf der Zeit um weitere Bauten vermehrt wurden (Karmelitenkloster, Franziskanerkloster, Dominikanerkloster, Spitäler), den Pfarrkirchen für die Stadtbevölkerung sind die Kirchen und Kapellen der Spitäler, der Seminare, der Domherrenhöfe und der Klosterhöfe zu nennen. Insgesamt sind

Rathaus

also kirchliche Institutionen bis heute ein deutlich sichtbarer Faktor des „fränkischen Roms“ Bamberg.

Land und Territorium: Vom frühmittelalterlichen Bischofssitz zur Hauptstadt eines geistlichen Staates

Mit der Gründung des Bistums Bamberg 1007 gingen auch starke herrschaftliche Veränderungen im Raum des östlichen Franken einher. Neben der Rolle als geistlicher Oberhirte über ein Diözesangebiet waren dem Bischof nämlich neben Grundbesitz auch Herrschaftsrechte über große Gebiete übertragen worden. Vor allem die Grafschaftsrechte über den Radenzgau, der sich bis 1003 noch in der Hand des Schweinfurter Markgrafen Heinrich (Hezilo) befunden hatte, brachten dem Bischof nicht nur weltliche Macht, sondern auch die Aufgabe in dieser Grafschaft für Recht und Ordnung zu sorgen. Neben diesem ersten Herrschaftsgebiet wurden zwei Wildbanngebiete zu Bereichen, in denen der Bischof und sein Personenverband in den folgenden Jahrhunderten ein geistliches Territorium aufbauen und durch Rodung und Ortsgründungen landesplanerisch tätig werden konnten. Da die Schenkungen König Heinrichs II. auch weit in den bayerischen Nordgau hineinstreuten, wurde Franken vor allem im Raum zwischen Forchheim und Nürnberg nach Süden ausgedehnt, das Herzogtum Bayern hier also verkleinert. Weitere Herrschaftsrechte hatte Bamberg in Teilen der an den Radenzgau angrenzenden Grafschaften im Volkfeld- und Rangau erhalten. Dazu kamen viele Einzelbesitzungen rund um diese Gebiete und auch weit davon entfernt.

In einem über Jahrhunderte andauernden Prozess entstand aus den vielen einzelnen Herrschaftsrechten das weltliche Herrschaftsgebiet von Bischof und Domkapitel, das Hochstift Bamberg. Es gehörte im alten Reich zu einer Reihe von geistlichen Staaten, in denen keine einzelne Dynastie das Fürstentum weitervererbte, sondern in dem die Fürsten immer wieder anderen Familien entstammten. Bis zum Investiturstreit setzte der König die Bischöfe ein, nach dem Wormser Konkordat 1122, wählten die Mitglieder des Domkapitels ihren Oberhirten selbst aus. Die Domherren stammten im Mittelalter immer aus dem Adel, zumeist aus dem Ritteradel im Bereich des Bistums und der benachbarten Landschaften. Aus dieser Adelsgruppierung entstand ein Hochstiftsadel, der das Hochstift und das Bistum dominierte, er war hier quasi die Machtelite. Der Stiftsadel hat später die Mitgliedschaft im Domkapitel weitgehend monopolisiert. Als Mitglied des Domkapitels konnte ein Adliger aus der Ritterschaft, wie zum Beispiel Leupold von Egloffstein oder Friedrich von Aufseß, als Bischof zum Reichsfürsten aufsteigen. In dieser Position konnte er den Einfluss und den Lehensbesitz seiner eigenen Familie vermehren. Auch die Domherren konnten dies – in kleinerem Umfang – tun. Der Stiftsadel besetzte auch die zahlreichen Verwaltungsstellen und die militärischen Führungspositionen des Hochstifts. Er übte innerhalb des Hochstifts also lokale und regionale Macht aus. Dies kam einerseits daher, dass es in einem weltlichen Territorium sehr viele Aufgaben gab, andererseits lag es daran, dass der Bischof als christlicher Priester kein Blut vergießen und so auch nicht weltlicher Richter über Leben und Tod sein konnte. Man brauchte also, wenn man weltliche Herrschaft ausüben musste, einen

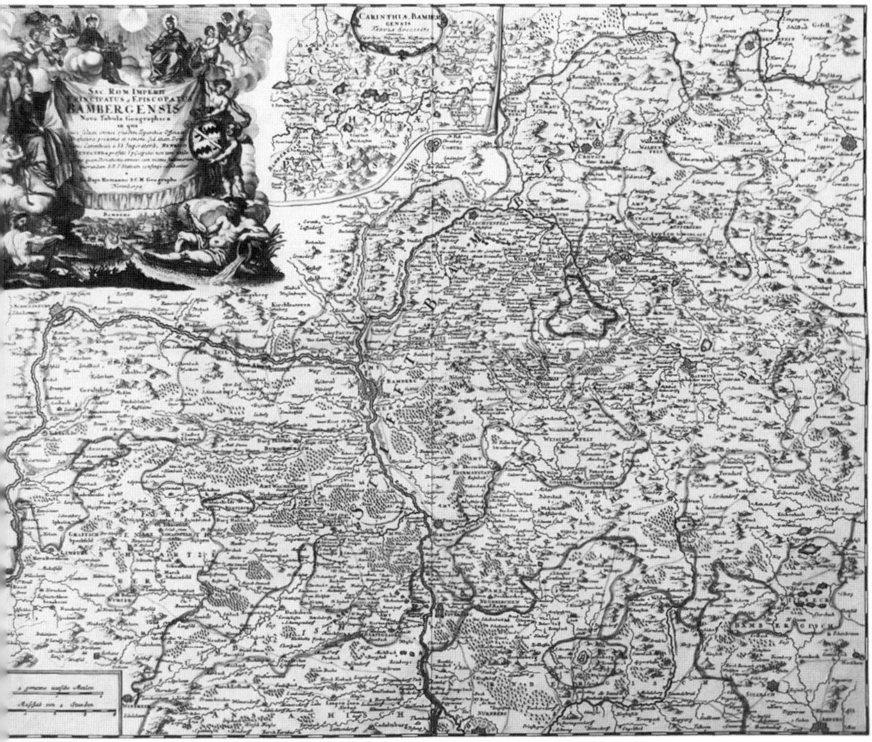

Karte des Hochstifts Bamberg von Johann Baptist Homann, Nürnberg um 1720

Stellvertreter. Diese Aufgaben nahmen stellvertretend eben die Adligen wahr. Die bedeutendste Rolle spielten hier in der Anfangszeit die Hochstiftsvögte, die vom Bischof mit den weltlichen Gerichtsrechten belehnt wurden. So war die Grafschaft im Radenzgau bis 1149 an die Hochstiftsvögte, die Grafen von Abenberg, zu Lehen ausgegeben und ging dann auf die südbayerischen Grafen von Andechs über, die auch drei Bischöfe von Bamberg stellten. Im 13. Jahrhundert endete die Zeit der Hochstiftsvögte: Die Bischöfe gewannen peu à peu die Herrschaftsrechte zurück, gaben sie nicht mehr als erbliche Lehen aus und ließen diese nun durch besoldete weltliche Juristen wahrnehmen. Damit war ein wichtiger Schritt zu einer Staatlichkeit der Herrschaft von Bischof und Domkapitel erfolgt.

So wie Bamberg als Bischofssitz und geistliches Zentrum ein eigener Typus von Stadt ist, wurde auch das von diesem Zentrum aus regierte Territorium zu einer Landschaft mit spezieller Herrschafts- und Sakraltopografie. In den ehemaligen geistlichen Fürstentümern des Alten Reichs entwickelte sich eine ganz besondere Kulturlandschaft: Sie war bezogen auf das Zentrum, also den Bischofssitz. Hier war die Elite des Landes durch die Domherrenhöfe ebenso präsent wie in den Orten, wo man als Familie eigene Herrschaft ausübte: Zahlreiche Burgen und Schlösser aus allen Epochen der Baugeschichte des Mittelalters und der Neuzeit zeigen die Verbindungen zwischen Zentrale und Peripherie an. Aber auch in den vielen kleineren Zentren des Landes ist die Beziehung sichtbar: In den Kirchen der bischöflichen Amtsorte stehen bis heute die Grabdenkmäler der Verwaltungsbeamten aus dem Stiftsadel. Sie vertraten den Bischof vor Ort und behielten gleichzeitig die eigenen Familieninteressen im Auge. Die Familiensitze, ob mittelalterliche Burg oder barockes Schloss, wurden zu kleinen Residenzen und damit zu kulturellen und wirtschaftlichen Schwerpunkten.

Besonders wichtig wurde dies als sich der Stiftsadel im 16. Jahrhundert zum großen Teil der Reichsritterschaft anschloss und als Herren nur noch den Kaiser über sich sah: Viele dieser Reichsritter schlossen sich im 16. Jahrhundert der Reformation an. Dadurch fielen sie aus dem Stiftsadel heraus, blieben aber Herren über ihre Besitzungen und Lehen und wurden zu Kirchenherren über nun evangelische Pfarrkirchen. Das Bild des ehemaligen Hochstifts Bamberg ist bis heute von dieser Entwicklung mitgeprägt: Als Land der bischöflichen Landschlösser und Sommerresidenzen, wie Schloss Seehof bei Bamberg oder Jägersburg bei Forchheim, daneben als Land des Stiftsadels mit zahlreichen Barockschlössern und als Land der evangelisch gewordenen reichsritterlichen Familien, die sich seit der Zeit um 1600 aus dem Hochstift heraus orientieren.

Heinrich und Kunigunde als Bistumsgründer umgeben von einem Kranz mit den Wappen der Inhaber der Hofämter des Hochstifts, darunter die Wappen der reichsritterschaftlichen Familien von Aufseß, von Rotenhan und Marschalk von Ebnet.

Luftbild der Festung Rosenberg und der Stadt Kronach. Die beeindruckende Befestigung war die nördliche Landesfestung des Hochstifts Bamberg. Kronach war eine der typischen Landstädte im Hochstift und Heimatstadt des Maler Lukas Cranach d. Ä.

Daneben war das Hochstift durch zahlreiche regionale Zentren strukturiert, Städte und Märkte, größere und kleinere Dörfer. An den Rändern zu den territorialen Nachbarn entstanden Landesfestungen in Forchheim und Kronach.

Im Inneren entwickelte sich eine Sakraltopografie, die vom Zentrum Bamberg aus weit ins Land hineinwirkte: Zahlreiche Klöster wurden von den Bischöfen, aber auch vom Adel des Hochstifts gegründet, Wallfahrtskirchen wie Vierzehnheiligen und Gößweinstein entstanden und werden noch heute besucht. Das Weltkulturerbe Bamberg mit seiner in einzigartiger Weise erhaltenen Altstadt ist bis heute das sichtbare Zentrum dieses kulturell so reichen Landstriches in Oberfranken. Wer weiß, wie anders dies alles wäre, wenn nicht Heinrich II. 1007 hier ein Bistum gegründet hätte.

AUSBLICK

Welche Bedeutung hatte Bamberg im 11. Jahrhundert für die Geschichte Bayerns? Heinrich II. hatte gemeinsam mit seiner Frau Kunigunde durch die Bistumsgründung im Jahr 1007 ein neues Zentrum der Königsherrschaft im ostfränkisch-deutschen Reich geschaffen, in dem er sein sakrales Herrschaftsverständnis entfalten konnte. Mit der Babenburg nutzte er dazu einen alten Herrschaftsmittelpunkt, der ihm persönlich besonders gut gefiel. In wenigen Jahren und Jahrzehnten wurde hier nun ein „Überbistum" geschaffen und eine „geistliche Stadt" geradezu aus dem Boden gestampft. Bis heute wird die Erinnerung an das heiliggesprochene Kaiserpaar in den vielen Kirchen der Bischofsstadt und der Diözese gepflegt.

Der Norden Frankens erhielt so ein neues Zentrum, das sich über die Jahrhunderte weiterentwickelte. Die große Bedeutung als Zentrum des Reichs unter Heinrich II. konnte es nach dem 11. Jahrhundert nicht kontinuierlich halten. Über die Region des nördlichen Franken hinaus spielte Bamberg aber noch Jahrhunderte später eine wichtige Rolle: Der Besitz des Bischofs an Ländereien, Klöstern und Kirchen erstreckte sich hauptsächlich vom Bamberger Raum über die Oberpfalz, den bayerischen Donauraum bis nach Österreich hinein. Dadurch war der Bamberger Bischof ein wichtiger Herr auch weit außerhalb seines Bistums, mit dem die bayerischen Herzöge und späteren Kurfürsten aber auch die habsburgischen Erzherzöge von Österreich immer rechnen mussten.

ANHANG

Zeittafel

741/742	Gründung des Bistums Würzburg
805	Erwähnung der Königshöfe Hallstadt und Forchheim
1.Hälfte 9. Jh.	Bau einer Burgkirche auf dem Bamberger Burgberg (später Domberg)
902	Erste Erwähnung der „Babenburg“ im Rahmen der sogenannten „Babenberger Fehde“
906	Die Babenburg wird Königsburg
966	Der „Staatsgefangene“ Berengar von Ivrea wird in der Burgkirche mit königlichen Ehren bestattet
973	Kaiser Otto II. schenkt die Burg Bamberg seinem Vetter Herzog Heinrich II. von Bayern, genannt „der Zänker“
973	Geburt des späteren Königs und Kaisers Heinrich II., vermutlich in der Burg Abbach (6. Mai)
995	Tod Heinrichs des Zänkers, der spätere König und Kaiser Heinrich II. erbt das Herzogtum Bayern und die Burg Bamberg, Bamberg ist sein Lieblingsort
um 998	Hochzeit von Heinrich mit Kunigunde, Tochter des Grafen Siegfried I. von Luxemburg, als Heiratsgut erhält sie Bamberg
1002	Heinrich wird als Nachfolger Kaiser Ottos III. in Mainz zum König geweiht
1003	Die Schweinfurter Fehde
1002-1007	König Heinrich II. lässt auf der Burg Bamberg eine neue Kirche erbauen
1007	Heinrich II. gründet das Bistum Bamberg
1012	Weihe des Doms
1014	Papst Benedikt VIII. krönt Heinrich II. zum Kaiser und Kunigunde zur Kaiserin
1020	Papst Benedikt VIII. besucht Bamberg und weiht die Stiftskirche St. Stephan
1021	Bischof Eberhard weiht die Klosterkirche St. Michael
1024	Kaiser Heinrich II. stirbt in der Pfalz Grone in Niedersachsen und wird im Bamberger Dom bestattet (13. Juli)

1033	Kaiserin Kunigunde stirbt in dem von ihr gegründeten Benediktinerinnenkloster Kaufungen in Hessen (3. Mai)
1040	Suidger wird zweiter Bischof von Bamberg
1046	Bischof Suidger wird in Rom von König Heinrich III. als Papst Clemens II. inthronisiert
1047	Tod Papst Clemens II., Begräbnis im Bamberger Dom, einziges Papstgrab nördlich der Alpen
1057	Bischof Gunther gründet das Kollegiatstift St. Gangolf in Theuerstadt
1062	Nachweis von Kaufleuten in Bamberg
1065/72	Gründung des Stifts St. Jakob durch Bischof Hermann von Bamberg
1081	Der Heinrichsdom brennt komplett ab, auch die entstehende Stadt im Sandgebiet ist vom Brand betroffen

Bildnachweis

Bayerische Staatsbibliothek: 45, 46, 47, 84
Bilderfest GmbH: 80
Digitale Bibliothek der Monumenta Germaniae Historica 2002: Digitale Edition der Chronik des Thietmar von Merseburg, bearb. von Arno Mentzel-Reuters und Gerhard Schmitz: 61
Diözesanmuseum Bamberg: 86, 87, 101
Roland Hoffmann: 38
Museen der Stadt Bamberg: 88 l.
Schloss- und Gartenverwaltung Bamberg: 88 r.
Staatsarchiv Bamberg: 64, 67
Wilhelm Störmer: 73
Universität Erlangen: 36
Volk Verlag: 15 (nach Urban (Hrsg.): Das Bistum Bamberg um 1007, S. 199),
21 (nach Urban (Hrsg.): Das Bistum Bamberg um 1007, S. 78),
25 (nach Urban (Hrsg.): Das Bistum Bamberg um 1007, S. 199),
70 (nach Urban (Hrsg.): Das Bistum Bamberg um 1007, S. 27),
81 o. (nach Urban (Hrsg.): Das Bistum Bamberg um 1007, S. 18),
83 (nach Göller (Hrsg.): 1000 Jahre Bistum Bamberg 1007 – 2007, S. 27)
Andreas Otto Weber: 31, 82, 89, 92, 99, 107, 114
Alle anderen Wikipedia; 17 (Christian Horvat); 41 (Michail Jungierek); 48 (Sailko); 77 o. (S. Kormann); 77 u. (Effie Schweizer); 95 u. (Berthold Werner); 96 (Andreas Praefcke)

Grundlegende Literatur

Baumgärtner, Ingrid: Kunigunde – eine Kaiserin an der Jahrtausendwende, Kassel 1997.

Göller, Luitgar (Hrsg.): 1000 Jahre Bistum Bamberg 1007–2007. Unterm Sternenmantel, Petersberg 2007.

Guttenberg, Erich Freiherr von: Das Bistum Bamberg, Erster Teil, Berlin 1937 (Germania Sacra II, 1, 1).

Kirmeier, Josef/Schneidmüller, Bernd/Weinfurter, Stefan/Brockhoff, Evamaria (Hrsg.): Kaiser Heinrich II. 1002–1024. Katalog zur Landesausstellung 2002, Augsburg 2002 (Veröffentlichungen zur Bayerischen Geschichte und Kultur 44).

Moser, Peter: Bamberg. Geschichte einer Stadt, Bamberg 1998.

Schimmelpfennig, Bernhard: Bamberg im Mittelalter. Siedelgebiete und Bevölkerung bsi 1370, Lübeck/Hamburg 1964 (Historische Studien 391).

Schieffer, Rudolf: Die Anfänge des Bamberger Domkapitels, in: Urban, Josef (Hrsg.): Das Bistum Bamberg um 1007, Bamberg 2006, S. 252–269.

Schneidmüller, Bernd/Schneider, Erich (Hrsg.): Die Schweinfurter Fehde und die Landschaft am Obermain vor 1000 Jahren, Schweinfurt 2003.

Störmer, Wilhelm: Heinrichs II. Schenkungen an Bamberg: Zur Topographie und Typologie des Königs- und bayerischen Herzogsguts um die Jahrtausendwende in Franken und Bayern, in: Fenske, Lutz (Hrsg.): Deutsche Königspfalzen 4. Pfalzen - Reichsgut - Königshöfe, Göttingen 1996, S. 377–408 (Veröffentlichungen des Max-Planck-Instituts für Geschichte 11/4).

Urban, Josef (Hrsg.): Das Bistum Bamberg um 1007. Festgabe zum Millenium, Bamberg 2006 (Studien zur Bamberger Bistumsgeschichte 3).

Weinfurter, Stefan: Heinrich II (1002–1024). Herrscher am Ende der Zeiten, Regensburg ³2002.

Übersichtskarte Bamberg

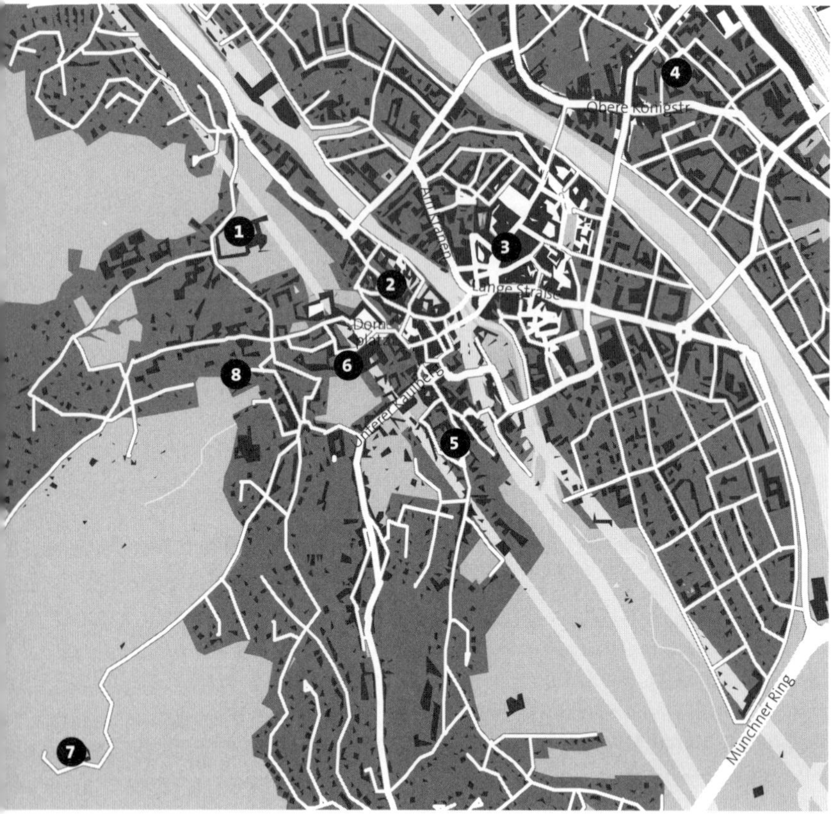

1 Kloster St. Michael
2 Sandgebiet, ältester Stadtteil
3 Inselstadt
4 Stiftskirche St. Gangolf in der Theuerstadt
5 Stiftskirche St. Stephan
6 Domberg
7 Altenburg
8 Stiftskirche St. Jakob